童年的
秘密

[意]蒙台梭利/著　李依臻/译

云南人民出版社

果麦文化 出品

CONTENTS
目 录

001 第一部分
　　　精神的胚胎

098 第二部分
　　　新教育

171 第三部分
　　　儿童与社会

这一版《童年的秘密》，在原有的意大利语版本（贝林佐纳出版社，1938年出版）的基础上，又加入了作者在葡萄牙语版本中添加的内容。

第一部分

精神的胚胎

01 儿童的世纪

近年来,越来越多的人关注到儿童的教育与照护,这种快速而惊奇的进步,与其说是生活方式的演变,不如归因于意识的觉醒。十九世纪九十年代,幼儿卫生保健工作蓬勃开展;儿童个性的发展成为重中之重。

在今天的世界,倘若缺少了对童年生活的研究,无论是医学、哲学、社会学还是任何一门学科,都难以取得长足的进步。这就如同胚胎学之于生物学,甚至是对于所有生物进化研究,拥有不容小觑的影响力。不过这一例子还是略显苍白。我们要意识到,但凡探讨人性问题,"童年"是永远绕不开的话题。

儿童之精神——而非生理意义上的儿童之肉身,主宰人类发展,推动人类进步,或许还能将人类文明推向更高的层次。瑞典诗人、作家艾伦·基（Ellen Key）曾预言我们的世纪将是"儿童的世纪"。耐着性子翻阅史料,我们还会发现,意大利国王维克托·伊曼纽尔三世（Vittorio Emanuele Ⅲ）在1900年（正好是世纪之交）初登王位后的第一次演讲中,表达过相似的观点。他把1900年称作新纪元的开端，又把即将开启的二十世纪称作"儿童的世纪"。

这些预言般的警示并非凭空无据，十九世纪最后十年的研究发现，儿童患传染病死亡的概率比成年人高出十倍，与此同时，他们还是严酷的学校纪律的受害者。

但无人预见到，儿童的世界中蕴含生命的秘密，它能够揭开人性的谜团，以未知的力量解决成年人遭遇的自身或社会的难题。这一观点便是"儿童学"的根基，这门新兴科学将撼动整个人类社会。

儿童与精神分析

精神分析开辟了一个前所未有的研究领域，引导人类探索潜意识的奥秘，但它并不能解决实际生活中的任何困难。不过，精神分析可以帮助我们理解儿童的神秘乐园。

我们可以说，心理学界曾认定的无法克服的障碍，已被精神分析一一击破。就如同世界的尽头[1]突然出现了彼岸，天涯海角从此失去了意义。

精神分析已经深入了潜意识这片汪洋大海。如果没有精神分析，我们很难解释儿童心理对人性问题的研究的意义。

众所周知，精神分析最初只是医学的一个分支，是用来治

---

1 原文直译为"古代神话中赫拉克勒斯的神柱"，代表陆地的尽头。

疗精神疾病的一项新技术，但它却发现了潜意识对人类行为的支配力量。精神分析也可以说是深入意识的心理反应研究，我们以这种手段将掩藏的秘密与意外的真相公之于世，颠覆原有的理念。也就是说，一个与人类命运紧紧相连的、广阔而未知的世界将在我们眼前徐徐揭开它的面目，但遗憾的是，精神分析无力解构这个未知的世界。就好像彼岸正在眼前，但苍茫的海水横亘其中，我们有心渡海，却无力造船。若要举一个具体些的例子，那就是希腊文化的偏见将弗洛伊德的精神分析学局限在病理学的范畴中，而没有让这一理论为正常病例服务。

早在上世纪[1]，法国精神学家沙可（Charcot）就发现了潜意识的存在。如同火山爆发时自地壳沸腾喷涌的岩浆，潜意识在严重的精神病患者身上表现得十分明显。与意识对比后，潜意识所表现的异象被简略地归纳为精神病的一种症状。弗洛伊德并不满足于这种结论，通过日以继夜的钻研，他找到了探索潜意识的入口，然而他的研究止步于病理学领域，并没有再向前跨出一步。试想，有几个正常人愿意接受痛苦的心理分析呢？这些测试带来的折磨就好比是为心灵做了一场手术。弗洛伊德的心理学理论是在对精神病人的治疗和对反常心理的分析中建立起来的，因此他得出的推论带有强烈的个体差异性。弗洛伊德看到了大海，却未能在海洋里自由遨游，他所做的，只是描绘了巨浪滔天的海峡。

因此，弗洛伊德的理论并不完美，他治疗精神疾病的手段

---

1 这里指的是十九世纪。

和结果也不尽如人意。也可以说，是因循守旧的传统观念和日积月累的社会经验阻碍了弗洛伊德理论的推广和发展。而光芒万丈的真相可能会让人们一直以来信奉的金科玉律和领袖人物跌落神坛。或许，在探索潜意识的道路上，单有临床分析和理论推演是远远不够的，我们需要做的还有很多。

童年的秘密

人类需要建立新的学科、运用新的技术来探索和开发潜意识这片广袤无垠的处女地，从人类的本源开始探究，通过观察儿童与外界环境的摩擦来解密他们成长的过程，通过研究儿童内心的苦痛和挣扎来观察人心是如何陷入扭曲和黑暗。

精神分析得出的其中一项惊人发现，就是精神疾病的发作可以追溯到一个人的婴儿时期。幼儿遭受的痛苦会隐藏在潜意识之中，直到某一时刻受到刺激而被唤醒。这一结论与大众认知相差甚远，因此它也是精神分析所得的发现中最令人震惊的一个。童年时期遭受的心灵创伤是持久而缓慢的，但人们往往意识不到，这些痛苦的经历就是成年之后精神疾病的真正病因。童年时期遭受的伤害大多归咎于成年人以权威者的身份对儿童本能进行的压迫，因此，跟孩子关系最为密切的人往往脱不了干系，比如母亲。

精神分析对潜意识的研究应该明明白白地划分为两个层次：一是浅层次的研究。研究对象为个体的本能欲望和他所需要适应的环境之间的冲突。这种冲突一般是可以解决的，因为人们可以有意识地寻找冲突发生的根本原因。二是深层次的研究，即对儿童记忆的研究。这时的研究对象已经不是人与所处的社会环境之间的冲突，而是孩童与母亲之间的冲突，也可以笼统地讲作是儿童与成人之间的冲突。与这一种冲突有关的心理疾病较难治愈，精神分析还未能深入研究，因此很少有人关注。它最多被当作假定病因，出现在以往的病历之中。

但如今人们已经意识到，无论是生理疾病还是心理疾病，都有必要追溯童年往事，由于孩童时期遭受创伤而导致的疾病，是最严重、最难以治愈的。因此，俗话说的"三岁看大，七岁看老"并非妄谈。

针对儿童生理疾病的研究已经取得了长足的进步，医学领域为其开辟了新的分支，比如幼儿卫生、胎儿护育甚至是优生学，整个社会对儿童的身体健康也更加关注，但儿童的心理健康却未受到应有的重视。尽管人们已经确信，童年时代遭受的苦难会在成年后筑起难以逾越的心理障碍，加重成年人与外部世界的冲突，但无人着手消解这一难题。

这一现象之所以会发生，或许是因为心理分析是一项探究潜意识的技术，在成人病例中取得突破的手段，并不适用于儿童患者。我们无法让一个儿童去回忆他童年里发生的事情，因为他本身尚处于童年之中。因此，对于儿童，最好的研究方法并非精神分析，而是仔细观察。但是这种观察必须从心理角度出发，目的在于揭示儿童与成年人、儿童与社会环境之间的冲突。显然，这种做法脱离了精神分析的技术与理论，而引入了一个全新的概念：观察儿童在社会中的存在。

这种观察方法旨在通过分析"儿童心理"解读人类生活

的真相，而非拘泥于某种疑难杂症或某类患病人群。它探究的是一个人从出生开始的整个人生历程中所遭遇的现实难题。然而，人类心理发展的历史至今仍是一张白纸。没有人描述过儿童在感知世界时所遇到的障碍，没有人描述过儿童在比他强大却不理解他的监护人面前所感受到的压抑，更没有人描述过儿童稚嫩的心灵所遭遇的不为人知的苦楚，这份痛苦造成了潜意识之中的自卑感和挫败感，使得儿童的成长偏离了正常的轨道。

这一问题昭然若揭，然而精神分析法却无能为力。精神分析主要涉及成人的精神疾病及治疗，对解决儿童心理问题无甚助益。不过，对儿童心理问题的研究却有助于精神分析的发展，因为规范而全面的儿童心理治疗可以预防精神疾病的发生，这正是精神分析所关照的问题，另外它还可以把持道德的天平，而道德失衡是人性中普遍存在的弱点。

由此，一个崭新的、围绕儿童研究的科学领域诞生了，这一领域脱胎于精神分析，但又拥有不甚相同的面貌。它为受伤的幼小心灵包扎伤口，帮助他们回归正常的生活、接受应有的教育。它的目标是揭晓人们尚未熟知的儿童的心理活动，促使成年人改变根植于潜意识之中的对待儿童的错误态度。

02　被告

弗洛伊德以"压抑"一词恰如其分地解释了成年人心理紊

乱的根源。

儿童之所以无法按照既定轨道自由地成长，在于受到了成年人的压抑。"成年人"一词本身是抽象的，没有具体所指。事实上，儿童在社会中处于隔绝状态，如果说他受到了"成年人"的影响，我们可以迅速把这位"成年人"定位为他身边的亲近之人。通常情况下，这个人指的是他的母亲，然后是父亲，最后是老师。

社会将儿童交到了成年人手上，委托他们监护儿童的成长，促进儿童的发展。然而当心灵的深处被探查分明，我们发现过去那些被视作保护者与养育者的成年人都应被推上被告席。几乎所有的成年人都扮演着父亲、母亲或老师的角色，他们都应当接受控告，也就是说整个社会都负有不可推卸的责任。这是一场惊天动地的末日审判，上帝神秘而令人生畏的声音仿佛带着怒火从云端传来："你们究竟对我托付给你们的孩子做了什么？"

成年人对这一控诉的第一反应是抗议和辩白："我们已经竭尽全力，我们热爱孩子，甚至不畏牺牲自我。"因此两方的说辞是冲突对立的，一个经过慎重思考，一个出于潜意识。这些熟悉的辩词听上去冠冕堂皇，但我们对此毫无兴趣，我们关心的是控告本身，而不是被指控的人。被告方殚精竭虑、呕心沥血地照管和教育孩子，最后却发现自己恍如置身迷宫，举目望断深深密林，却无法找到出口，因为他们意识不到问题的根源出在自己身上。

所有为儿童谋求福祉的人都应该坚决地对成年人提出控告，而且要坚持不懈、毫不妥协。这一控告必定会成为人们关注的焦点，因为它针对的并非是那些由自身欠缺和不足所导致的令人难堪和羞于启齿的过错；它公开谴责的是那些无心之过。这种控告实际上是自我批判和完善，因为人类的每一点真正的进步都源于对未知世界的不懈探求。

人们对于自己犯下的错误总是持一种矛盾的态度。对有意为之的错误感到痛心疾首，而对无心犯下的错误却不以为意。然而这些无心之过中蕴含着一个催人进步的秘密：一个人一旦克服了无意识的过错，那么他就能跨越已知的领域，上升到更高的境界。因此中世纪的骑士在决斗之前总是跪在祭坛前承认："我有罪。我在众人面前宣誓，这是我个人的过错。"

这种精神现象真是匪夷所思。人们蜂拥一处听取别人的控诉，赞同控告人对自己的指责，承认犯下的错误。这些持续而猛烈的控告将潜意识中的思维带到了意识里，精神的发展就是获取意识的过程。由此，人类的文明才能沿着正确的道路不断前行。

今天，为了改变对待儿童的错误行为，为了将儿童从危及心理健康的冲突中解救出来，我们必须进行一次彻底的革命，讨伐的对象就是成年人。成年人声称自己已经为了孩子倾其所有，他们爱孩子，甚至无惧牺牲自己。但他们也不得不承认在养育孩子的过程中碰到了棘手的难题，这些问题超越了他们的认知范畴，因此他们必须求助于主观意志之外的力量。

关于儿童，我们仍是一知半解。他们身上藏着太多待解的谜题，我们必须怀着满腔热忱和牺牲精神踏上探索之旅，如同那些远涉未知之境的淘金者一般，去寻找儿童灵魂中潜藏的密钥。这是成年人肩负的责任，无论你来自哪个国家，属于哪个种族，处于何种社会地位，都应当为人类道德的进步贡献一份力量。

成年人对于儿童和青少年的不理解，导致了彼此间不断的冲突和争斗。消除矛盾的关键不在于成年人学习新的知识或填补文化的漏洞。如果这样就完全背离了我们的初衷。成年人需要做的，是揪出自己的错误，这些尚未挑明的错误将成人阻挡在儿童的世界之外。如果成年人没有做好自我检讨的准备，没有采取相应的思想态度，那么他就不可能真正地走进孩子的内心。

反省自身并没有想象中的那么困难。因为每一个错误，即使是无意识犯下的，也会带来伤痛和烦恼，所以我们四处求医问药，迫切地想要治愈身上的创口。就好像手指脱臼的人盼望关节复位，因为他知道如果置之不理，他的手就宛如残废，疼痛也不会消失。同理，当一个人认识到自己犯下了错误，他潜意识中会想去纠正偏离的轨迹，因为长久以来背负的软弱和抑郁渐渐变得不堪忍受。当错误修正、秩序重建，一切又恢复如常，平稳地向前踏步。只要我们认识到内心的自私，只要我们相信自己可以完成那些曾经以为难以企及的事情，我们就会渴望叩响儿童的心扉，了解这些截然不同的灵魂。

在与儿童交往的过程中，成年人将自己视作这段关系的主宰——这种态度不仅仅是自私自利，而是以自我为中心。他们只会从自己的角度出发看待儿童的心理世界，从而导致了积重难返的误解。正是这种自以为是的想法使得成年人以为儿童的世界空空荡荡，任由人肆意填塞；在他们的眼中，儿童既没有自理能力，也缺乏精神上的引导，需要成年人寸步不离地从旁监护和指导。总而言之，成年人将自己看作是儿童世界的造物主,他们习惯于从自己的立场判断儿童行为的对与错,以自己的处事原则界定儿童心灵的善与恶,而且这一标尺从无差池,儿童要以他们为榜样仿效行事,任何背离了成年人心意的行为都被视作恶行而受到惩罚和纠正。

成年人的这种行为在无意识之中扼杀了孩子的个性,而他们却浑然不知,仍洋洋自得于自己对儿童所谓的热爱与牺牲。

03 生物学的序曲

沃尔夫宣布自己发现了生殖细胞的分裂,他向人们展示了生命体诞生和成长的过程。同时,他还提供了一种灵活而直观的研究方法,证明生物体中蕴含着本能的力量,能够直击预设目标。他的发现粉碎了生理学上的另一些观点,比如莱布尼茨(Leibniz)和斯帕兰札尼(Spallanzani)所认同的"受精卵中包含着成年人最终形态"的理论。那时的哲学家认为,受精卵细胞中含有还未完全发育但业已成形的、成比例缩小的人,只要放在适宜的环境中,他便会茁壮成长。对植物种子的观察使得哲学家们得出了这一结论,因为种子的子叶间掩藏着一株带有叶片和根茎的幼苗,只要将这棵幼苗放在土中,原先存在于胚胎中的植物就能存活。哲学家们以此类推,假设动物与人类的出生过程也是如此。

然而,显微镜的发明为沃尔夫提供了成熟的观测条件。他首先从鸟类的胚胎开始研究，发现生命的真正起源其实是受精卵细胞（精子与卵细胞的结合形成了受精卵）。在显微镜下我们可以清楚地看到，这个细胞中并未包含生命的雏形，它同其他细胞无异，也是由细胞核、细胞质和细胞膜组成。所有的生物，无论是植物还是动物，都是由这个简单而原始的细胞发育而来的。在显微镜发明之前，人们从种子中观察到的植物幼株实际上是一个胚芽，它原本也是一个胚胎细胞，度过了结果的阶段，变成成熟的种子，然后落地生根继续繁衍。

不过，受精卵有一个与其他细胞迥然不同的特性：它会按照预定的指令迅速分裂。但在这颗原始细胞里，没有任何轨迹能够追溯到指令的发生。在细胞的内部，存在着一些微粒，它们就是决定遗传特征的染色体。

在动物胚胎发育的早期，最初的细胞分裂为两个，然后分裂成四个，依次分裂下去，直到形成一个叫作"桑椹胚"的中空球体，然后球体向内折叠，形成一个具有双胚层、留有开口的"原肠胚"。经过一系列的分裂、向内折叠和增殖，胚胎细胞将发育成为结构复杂的器官和组织。因此我们看出，生殖细胞简单而直白，那些明确而清晰的工作指令在它身上全然不见，它的发育遵循着一种与生俱来的指令，如同一个忠实而熟练的奴仆，他洞悉自己的任务，无需任何书面命令就能顺利地完成工作，不留下任何可以追溯的蛛丝马迹。细胞的发育是一种不知疲倦的内在进程，只有当所有工作完成时，我们才会对它的活动有所察觉，除此之外毫无线索。

所有哺乳动物的胚胎，包括人类的胚胎，最早显形的器官是心脏。起初它只是一个小小的卵泡，按照固定的节奏搏动，母体的心脏跳动一次，它就跳动两次。心脏是生命的引擎，它永不停歇地跳动，为各个器官输送所需的养分。

胚胎的发育堪称自然之创举，在隐秘之处，智慧的细胞按照各自的路径独立发育，有的发育成软骨，有的发育成神经，有的发育成皮肤，它们各司其职发展成不同的器官和组织，且在成千上万次的转化中从未出错。大自然用看不清、穿不透的外皮将造物主的奇迹小心翼翼地收裹，如同收起一个宇宙的秘密，待到时间成熟，封印卸去，一个崭新的生命便呱呱坠地。

但这个新生命并不仅仅是一个物质肌体，他就像生殖细胞一般，拥有潜藏的、命定的心理机能。新的肌体不仅仅是器官功能的加权，还具有本能。本能不会存在于单个细胞里，只能存在于降生于世的、鲜活的生命体之中。如同每个生殖细胞各自拥有秘密的发育轨迹，无论属于哪个物种，新生肌体都拥有独立的天性本能，这种本能将帮助他们适应自己的生存环境。即使是一只飞虫也是如此。

蜜蜂具有不可思议的本能，这种本能指引着它们在复杂的群体生活中生存。但在蜂卵和幼虫身上，未有本能的表现，只有成熟的蜜蜂才具备这种能力。同理，只有孵化后的鸟类才能飞翔，想让一颗鸟蛋翱翔天际根本是天方夜谭。

新生命成形后，就会受到神秘力量的指引，表现出与外界环境相符的行为特质。而外界环境又教授它们生存之道，诱导生物按照天性行动，以维持自然整体的和谐安稳。因为对每个个体来讲，自然环境遵循它特有的准则。

每个物种都有自己的本能，在宇宙中都占有独一无二的一席地位。在降生的瞬间，生物的本能便已注定，这点在动物身上显而易见：新生的羊羔温顺安静，狮子则暴躁凶猛；蚂蚁遵规守纪辛勤工作，蝉则孤独吟唱无所事事。

同样，人类的幼儿不仅是物质的活体，还是精神的胚胎，他们拥有心理上的潜能。有些观点错误地认为，人类的心理世界比其他生物更为高贵，无需经历心理的发展历程。

动物的本能会通过惯有的行为显现出来，人类的精神世界却往往深藏不露。这是因为动物的行为跟随既定本能的指引，而人类的行为拥有广阔的自由。每个生命都需要经历内在的雕琢，这番成长曲折艰险，难以预测。因此每个孩子的心中都藏有不为人知的秘密，随着年龄渐长，这些秘密才会一点一点浮出水面。正如生殖细胞的分裂模式无法揭示一样，儿童心灵的隐秘角落也只能在成长的过程中慢慢显现。

这就是为什么只有儿童能向我们揭示人类发展的奥秘。

但就像所有幼小的生命一样，儿童的心灵还非常脆弱和稚嫩。我们要像大自然保护胚胎一样，为儿童的心理世界保驾护航。

  地球上传来

  战栗的号叫

  这声音未曾听闻；它出自某人

  从未颤动的喉咙

向我诉说的人生活在深不见底的黑暗中，他的双眸从未沾染过一缕光芒，仿佛置身于深渊之中。

向我诉说的人生活在寂若死灰的沉默之中，没有噪声，哪怕是轻微的声响也没入过他的耳朵。

我听见他在讲话，讲话那人总是浸泡在水中；水出奇地温暖，而忽然之间，那人又从冰凌中探出头来。

他解释说，他的肺从未呼吸过新鲜氧气（坦塔罗斯[1]与他相比，真是好过多了！），但他还活着。空气忽然间充满他折叠已久的肺部。

于是，他大喊出声，

他在地球上号叫。

这战栗的声音未曾听闻，它出自某人从未颤动的喉咙。

他就是那个曾停下来休息的人。

谁又能想到这是一场绝对的静歇呢？

他休憩时不必担心吃饭的问题，因为有人帮他进食；

他撇弃了周身的布料，因为有鲜活的组织为他的生命提供必要的热量；

他的身体从不抵抗病毒和细菌，因为有其他组织帮他扫除弊害；

他的工作就是保护好这颗心脏，在他存在前便已跳动的心脏。是的，当这个世界上还没有他时，他的心脏已经在跳动了，跳得比其他心脏都要快两倍。我知道，那就是他的心脏。

现在是他走向前：

他已经受过了人世的洗礼，

---

[1] 在希腊神话中，宙斯之子坦塔罗斯因为侮辱众神而被打入地狱：他站在水池中，口渴时水便退去；他头上有果树，饥饿时却吃不到果子；他的头顶还悬着一块摇摇欲坠的巨石。

被炽光和声浪所伤害,即使躲在秘密花园亦感到疲倦。

他发出震耳欲聋的呐喊:

"为什么你抛弃了我?"

04 新生儿

"超自然"环境

婴儿出生之后,并未进入自然环境之中,等待他的是文明开化的人造环境。人们俯视自然、消耗自然、改造自然,为图一时的舒适安逸,创造出"超自然"的生存环境。

新生儿脱离母体成为独立个体,势必要付出极大的努力去适应新的环境,此时的人类又为弱小的生命提供了怎样的帮助呢?

我们需要用科学的态度和方法对待新生的婴儿,因为人的一生中不会再有如此挣扎、痛苦的时刻。生命剧烈而颤抖的转化,是人类生生不息、代代繁衍的前提,是人类文明开启的序言,然而翻开史书,我们只看到了满页的空白。

许多人认为,如今人们给予了新生儿过多的关注。可是事实果真如此吗?

当婴儿降生时,受苦受难的母亲成为所有人关心的焦点。人们担心疲惫的母亲受到强光与噪音的干扰,因此竭力为她创造一个幽暗而安静的休息环境。但孩子不也是历经折磨的吗？他们原本的世界里没有一丝光线，没有一点声音。他们同样也需要幽暗与安静。

婴儿成长在专为他打造的、恒温的液态环境中，没有光线的侵入，也没有噪声的影响，不受半点干扰。然而转瞬之间，空气取代了液体，他周围的环境变了模样。他娇嫩的瞳孔从未见过光亮，他静默的耳朵从未听过声响，他突然间闯入这个世界，叫成年人该拿他如何是好？液态环境下的婴儿突然暴露在空气中，没有一点儿过渡，就像小蝌蚪突然变成了青蛙。

成年人粗糙的手掌抚过婴儿娇柔的皮肉，就像坚硬的砂纸摩擦过光滑的丝绸。这个小生命是如此脆弱，以至于他的家人都不敢轻易触碰，他的母亲、他的亲人小心翼翼地看护着他，并把他托付给"有经验的人"照料。可是，面对如此娇柔的生命，有经验的人也难保万无一失。仅靠有力的双手抱紧婴儿是远远不够的，人们还需要学习用正确的方式照料脆弱的幼童，这就如同护士在为伤患包扎或上药之前需要经过长时间专业的训练一样。

但婴儿没有得到恰当的关照。

就连医生在对待新生儿时也没有考虑周全，当婴儿放声大哭时，所有人都露出了满意的笑容，人们认为哭声就是婴儿的语言，眼泪可以清洁眼球，哭泣可以扩大肺活量。

婴儿一出生，就被包裹得严严实实。一直蜷曲在母体中的小生命，被迫伸展身子，僵直地倚靠在母亲怀中。事实上，新生儿并不需要穿衣服，他出生后的一个月内都没有穿衣需求。如果留意一下婴儿服装的发展史，我们就会看到，曾经厚重的褴褛逐渐褪为轻薄的衣衫，继续演化下去，婴儿服装将完全退出市场。

就像艺术品所展示的那样，婴儿应该是赤裸的。画像和雕塑中的天使都未着衣物，在耶稣诞生的牛棚中，圣母怀中的圣婴也未着衣物。

婴儿当然需要保暖，但他需要的不是衣服，而是温暖的环境。婴儿自身没有足够的热量抵御外界的寒冷，他之前一直依靠母体的温度生存。众所周知，衣服只能起到保温的作用，也就是防止婴儿体温的流失。但如果周遭是温暖的，衣服就会阻碍婴儿从外部获取热量。我们可以从动物身上找到例证，尽管新生的幼崽拥有一层皮毛，但母兽还是会用身体去温暖它们。

我不想一口咬定人类对于新生婴儿缺乏关心。我确信，如果能有交流的机会，美国人一定会告诉我，在他们的国家，人们对于新生儿付出了何等的耐心；德国人和英国人也会惊讶地质问我为什么无视了他们国家在儿童医疗和护理方面取得的成就。我的回应是，我对这些事情都有研究，了解各国所获得的最细微的进步。但我还是想说，世界上没有任何一个国家为迎接新生命的诞生做好了万全的准备。

人类的确已经为新生儿做了很多，但如果我们故步自封，自得于已经跨越的高峰，满足地仰视着还未到达的境地，又何谈进步呢？今天，世界上没有任何一个角落，给予孩子应得的理解和尊重。

在这里我还要提到我们生活中的另一个真相。人们尽管对孩子有着深沉的爱意，但看到新生命的那一刻起，父母便对他产生了防范的本能，也可以称之为自私的本性。人类对于自己所拥有的东西怀有强烈的占有欲，即使是破铜烂铁也当作宝贝。在这种思想的支配下，成年人千方百计地管教孩子，让他别破坏东西，别弄脏自己，别惹人讨厌，别四处招摇给大人添麻烦！

　　我相信，在对儿童有了更全面的了解之后，人们会找到最妥帖的方式来照顾他们。在维也纳，研究人员已经着手为新生儿创造更优质的生活环境。他们研制出一款全新的婴儿床，能在婴儿躺下的地方自动升温，这款产品采用一次性吸附材料，即用即抛。

　　但对新生儿的护理不能只停留在预防早夭或者隔绝传染病的层面，这一点，即使是今天的现代化诊所也没能做到，护士仍然用绷带将婴儿的小脸裹得严严实实，生怕细菌进入他们口中。其实婴儿降生后，人们还需要关注他的心理问题，帮助他适应外部世界。为此，医院应当提供必要的指导，社会也要加强宣传力度，这样才能改变万千家庭对于新生儿的态度。

　　在那些富裕的家庭，父母会为新生儿准备华丽的摇篮和花边考究的衣服。按照这个逻辑，如果父母要责打孩子，用的也是镶金贴钻的皮鞭。家长这种浮夸奢侈的做派，一点也体现不出对儿童心理的关怀。富裕的家庭应该为孩子提供更好的健康条件，而不是骄奢的享受。孩子真正需要的是一处远离城市喧嚣、光线充沛而柔和的房间，这里有怡人的温度和持续的热源，可以使赤裸的婴儿无惧寒冷。

　　此外，我们还要重视托抱孩子的方式，尽量减少与孩子不必要的碰触，用轻薄柔软的东西将孩子的身体托住，让他以蜷曲的姿势倚靠在我们怀中，就如他出生之前在母体中的姿势一样。我们必须经过细致的排练，轻巧、缓慢而熟练地将孩子抱起，垂直或水平挪动孩子时还要格外小心。

在临床护理上也有相似的例子，抬起伤患并水平缓慢移动时，需要采用特殊方式，这种方式对于医护人员来说是基础知识。没有人会用双臂将患者垂直抬起，护士们会轻轻地在他身子底下放置柔软的支撑物，确保在移动过程中患者的水平姿势不会改变。

现在，我们要将新生儿看作一位患者，他和他的母亲一样，刚刚渡过了生死之劫，看到他平安无事地从鬼门关回来，我们下意识地感到快乐与欣慰，这是一种劫后余生的庆幸。有时婴儿呼吸困难，需要人工呼吸挽救性命，他的皮下出血，头部被血肿挤压变形。但是新生儿和病人应当区别对待，因为他们的需求并不相同。这个小生命在做着不可思议的努力，用他原始而敏感的身体和心灵适应周遭的环境。

我们对新生儿怀有的情感不应当是怜悯，而是对造物主创造生命奇迹的崇敬，我们的认知是有限的，而这个小生灵怀揣的秘密是无限的。

我曾经见到过一个刚刚被救活的窒息婴儿，被立即放入一个低得几乎贴近地面的水盆中，在水中疾速下沉的时刻，他猛然睁大了眼睛，肌肉震动，四肢僵直，仿佛感受到了身体的坠落。

这是他人生中第一次体验到了恐惧。

我们爱抚和搂抱婴儿时的动作，面对婴儿时心中的真挚和温柔，让我想到了天主教牧师在祭台上手举圣餐面饼的样子。他双手洁净，动作娴熟，伴随着时而的停顿，水平或垂直地挥动着圣餐面饼，仿佛动作中积蓄着极大的能量，不得不停下来歇息一会。当牧师将圣餐面饼放好，他会俯身屈膝，以示尊崇。

所有的仪式都在沉静的气氛中进行，阳光透过玻璃花窗洒下点滴光斑，升腾的希望主宰着这个神圣的场所。新生儿也应当在这样的环境中生活。

如果我们对比一下照顾婴儿与母亲的区别，设想一下用对待婴儿的方式来对待母亲，就会明白自己所犯下的错误。

为了不让婴儿打扰母亲的休息，我们会把他抱得远远的，只在吃奶的时候交给母亲。与此同时，婴儿被套上花里胡哨的衣服，任由旁人逗弄。这就好比让刚刚分娩的母亲梳洗打扮，参加宴会。

人们把婴儿从摇篮中抱起，高高地举到肩头，再把他放下，让他重新躺回母亲身边。想象一下让产妇也做同样的动作，将会导致怎样的结果？

人们往往以为婴儿没有感知，没有感知的人怎能意识到痛苦和快乐？因此对待新生儿无需小心翼翼。

可是，我们为什么要费心费力地去照顾那些不省人事的重病患者呢？难道说，跟其他年龄段的人相比，婴儿需要的是生理上的呵护，而不是精神上的关心？

不，这种看法太过荒谬了。

事实上，人类对生命初期的理解还处于一片空白的阶段；好比一张白纸，未有任何人书写，因为还没有人揣摩出人类的原始需求。一天天过去，随着经验的累积，我们愈发清醒地意识到，幼年（甚至出生之前）的心理问题将会影响人的一生。一个人的健康，乃至一个家族的健康都涵盖在生命的胚胎时期和幼儿时期。那么，人们为什么意识不到降生的瞬间是人生中最艰难的一刻呢？

因为成年人并没有把新生儿视作真正意义上的人。当小生命来到我们的世界，我们还不知道要如何接纳他，尽管我们所创造的世界未来将会掌握在他们手上，他们将超越我们，推动人类文明向前迈进。

05　母性本能

高级动物，也就是哺乳动物，在喂奶期会受到母性的驱使悉心照料自己的后代。以家猫为例，母猫会把新生的幼崽藏在僻静幽暗的角落，小心翼翼地看守，防止任何人接近，直到猫崽长大，才会让它们活蹦乱跳地跑出来。

生活在野外的哺乳动物对待幼崽更为体贴。虽然它们大多过着群体生活，但在临产之前，雌兽会离开群体，寻觅一个安全的藏身之所。诞下幼崽之后，母兽会让子女与群体分隔一段时间，时间长短取决于动物的种类，少则两三个星期，多则一个月或更久。在此期间，母亲迅速化身为护士和保姆，呵护着幼小的新生命。幼崽不宜待在光线刺眼、吵闹聒噪的环境中，因此母亲会寻找一处安静昏暗的庇护之所抚养幼儿。尽管幼崽的身体已经发育完全，可以站立和行走，母亲仍然将它们圈在身旁耐心管教，直到它们完全掌握生存技能，熟悉生活环境，才被允许进入群体生活。

虽然哺乳动物种类繁多，但母性的关怀是共通的，无论是野牛、野猪还是马、狼、老虎，母亲的故事总是令人动容。

雌性野牛会将小牛犊带离牛群，独自照顾数周。母牛会用前蹄护住小牛，为它御寒；耐心舔舐小牛的皮毛，为它除去污垢；三条腿站立，方便小牛吃奶。回到群体之后，母牛如所有雌性哺乳动物一样，以恒久的耐心哺育和照料小牛。

在分娩前的最后几个月里，母兽不仅会寻觅一处安全的独居场所，它还会不辞辛劳地为即将出生的幼崽搭建一个安乐窝。比如，母狼会藏身于偏僻而幽深的密林中，通常情况下，它会觅得一处洞穴作为"产房"。但如果没有找到合适的地方，它就会刨一个地洞，或将中空的树干当作巢穴，然后叼来一些松软的东西，甚至咬掉自己的皮毛铺在窝里，方便哺育狼仔。母狼一次能产下六七只幼崽，新生小狼的眼睛和耳朵是紧闭的，看不见东西，也听不见声音。母狼会独自抚养它们长大，不离不弃。

在这段时间里，所有的母性动物都极具保护欲，无论是谁靠近巢穴都会受到攻击。

然而，哺乳动物被人类豢养后，母性的本能遭到破坏。例如，雌性野猪是动物界最温柔深情的母亲，而雌性家猪却会吃掉自己的幼崽，甚至被关在动物园笼子里的雌狮有时也会吃掉刚出生的小狮子。

这些现象说明，动物的本能沿袭既定的轨道发展，只有在无拘无束的环境中才能完全展现出来。

雌性哺乳动物的母性本能清楚地表明：新生的幼崽在与外界环境接触的初期需要被悉心照顾。小生命初来乍到，历经险境才得以存活，因此需要充足的休息，等待器官功能的复苏。

婴儿降生后的第一年称作哺乳期，也就是所谓的"摇篮时代"。母亲对于幼崽的照顾不仅仅局限于生理方面，她们还要唤醒新生命内心潜藏的本能，激发幼崽的种族意识；柔和的光线和安静的场所有益于新生命的成长，在母亲的监护和哺育下，幼崽将迅速适应环境。

小马驹慢慢长大，四肢力量不断增强，它开始认识母亲的面貌，跟随母亲的脚步，与此同时，它在遗传基因的作用下显现出马的特征。这解释了幼马长成小马驹之前，母马不让任何人接近的原因。同理，在小猫睁开双眼、学会行走之前，母猫也会小心翼翼地将它们藏在暗处。

显然，大自然对生命的演化自有安排。母亲的使命不仅仅在于对小生命的生理呵护，还表现在用温柔的爱意和细致的关怀唤醒幼儿潜藏的本能。

因此我们可以说，在无微不至的呵护中，新生儿的精神世界也在逐渐完全。

06 精神胚胎

实体化

"实体化"一词意味着唤醒新生儿体内的灵魂，让缥缈的精神在地球上落脚。

科学认为，新生命不是凭空降生的，他就是肉身，是各种器官组织发育而来的结果，不存在什么实体化的过程。那么我们不禁要问，为什么一个复杂的生命体能从无到有？遗憾的是，我们从未做过相似的思考，从未深究过这个问题的真相，从未在表面之下探索问题的答案。

成年人在护理新生儿时，应该给予他的精神世界足够的关注。倘若从出生的那一刻起，他们就有了心理活动，那么在一岁甚至更晚的阶段，他的心灵世界将会更加丰富。对婴儿现有的照顾仅仅具体体现在生理方面，但精神护理也应该提上日程。正如今天人们常说的：教育要从娃娃抓起。显然，"教育"一词在这里指的不是讲学和训诫，而是帮助儿童发展他们的精神生活。

我们应该意识到，儿童自出生之时起便产生了精神活动，它可以分为意识和潜意识；潜意识之中饱含着冲动，反映的是人类最真实的心境，如今，潜意识的概念已经深入人心。

即使通过最浅显的层面去认识婴儿的潜意识，我们也不得不承认婴儿已经具备了人的本能，比如消化功能和心理活动。就像哺乳动物的幼崽，能够将种族的本能迅速内化。与其他动物相比，人类的后代在运动能力方面发展迟缓。新生的婴儿几乎不具备任何运动能力，而与此同时，感觉器官已经开始运作，光线、噪音和触摸都能被婴儿感知。

婴儿在我们心中的形象是根深蒂固的，他们不能站立，不能走路，需要成人的看护和照料，而且这种状态会持续很长一段时间；他们不会说话，只会在不舒服的时候发出咿咿呀呀的哭声和叫喊，以吸引成人的注意，向其求助。

数月、一年甚至更久之后，这个小家伙才能挺直身板，学会走路，他不再是一个婴儿，而是一个未成熟的人。再过几个月，甚至几年，他才能学会说话。

好了，现在我们要来谈一谈成长过程中心灵和身体的"实体化"。在这一过程中，神秘力量为新生儿呆滞的身体赋予活力，让他四肢健壮、关节灵活，具备完全的语言和行动能力，由此一个胚胎发育成为了一个真正的人。

令人惊奇的是，人类婴儿在很长一段时间内都没有自主能力，而哺乳动物的幼崽几乎从一出生或者在很短的时间内就可以站立、行走、寻找母亲、掌握自己所属的物种的语言，尽管它发出的声音是那么的微弱可怜，比如小猫的"喵喵"、小羊的"咩咩"、小马的"嘶嘶"……但大多数时候，比起发出微弱的声响，幼崽们还是保持沉默，它们的哀鸣和嚎叫并不能得到世界的回应。

动物幼崽成长飞快，我们可以说，在出生的那一刻，动物的本能就激发了肌体，进而决定了它们的行为特征，正如老虎生来会猛扑、山羊生来会蹦跳一样。因此，每一个生命不仅仅是物质的加成、生理系统的集合，更是本能的载体。这种本能通过动物自身的行为表现出来，比身形外貌更能体现出所属物种独一无二的特征。

动物并非同植物一样，只具备外观性的特征。所有植物不具备而动物具备的特征，我们称之为心理特征。既然在刚出生的动物身上我们能找到这种特征，为什么在人类婴儿身上它却无影无踪？

有一种理论认为，动物的本能动作，是同类物种基因世代遗传的结果。那么为什么人不能遗传到祖先的行为习惯呢？人类的祖先不也是直立行走、使用语言，并且希望将这些传给子孙后代的吗？倘若我们就此认为人类不具备心理活动的特征，那就大错特错了。事实上，人类的心理活动远比动物复杂得多，它潜藏在内心深处，不会像动物一样通过既定行为直接显现出来。

动物的行为受到特定的、固化的本能驱使，而人类天生就有行动的自由，人类行为的发展方向是无法预知的，因此需要特定的指导。我们打个比方。动物好比是流水线上的产品，它们的制作工期很短，并且具有完全相同的特征。而人类是手工品，每一件都经过精雕细琢，每一件都不尽相同。手工制品的优点在于带有工匠独特的印记：刺绣中蕴含着绣工巧妙的心思，艺术品中潜藏着艺术家天才的构想。

人类与动物在精神上的差异正是如此。动物如同机器高速批量生产的产品，表现出物种固有的一些特征。而人类则是工匠汗水的结晶，这个工匠就是大自然，自然赋予了人类独一无二的灵魂，也要等待人类漫长的成长。在暴露于外界之前，半成品需要经历日以继夜的打磨，它不是复制品，它是全新的产物，因此，我们可以将它视作一个谜团，一个未知的惊喜。它就像被艺术家珍藏在密室中的杰作一般，在经历了漫长的黑暗之后，终于重见天日，展示在公众面前。

人类个性的形成是实体化暗中带来的结果。因此，每一个新生婴儿都是一个谜团。这个尚且无自理能力的小生命，身体中蕴藏着比任何生物都复杂的机能，当然除了他的种族——也就是人类。他的实体化只能依靠自己的意志完成。

通常意义上的肉身指的是肌肉和器官的集合，它们在意识的驱使下运动。而没有这些肌肉和器官，意识也无能为力。无论何种动物，即使是最微不足道的昆虫，它的每一个活动也是意识本能和器官运动的合作。尤其是作为高级动物的人类，肌肉的活动无限复杂和精细，以至于解剖学的学生经常说："为了记住所有的肌肉，我需要反复查验书本至少七遍。"在运动中，有些肌肉因为复杂的活动而变得坚硬。有些肌肉伸展，有些肌肉收缩，有些肌肉相向而行，有些肌肉背道而驰。但当肌肉沿着相反的方向运动时，它们不是为了抗衡彼此，而是为了动作得以和谐完成。

抑制力总是伴随着推动力，并时刻纠正这种推动力；不同的肌肉相互配合、协调发力，才能产生千变万化的动作。就像杂技演员，能够控制力道，保持平衡；或者像小提琴家，他的手能用最微弱的力量拨动琴弦。

每一次的动作都是由相对的力量完成的，这两股力量几乎是在同一时间发生的，两方力量必须协调配合，才能做出完美的动作。

人类并不完全信任本能，因为更决断、更有力、总而言之更高级的力量——人类的精神力量更胜一筹。这种蓬勃的精神是人类与生俱来的天赋，只有通过肉身外化，才能向世界展现。这一切构成了幼儿生活的第一篇章。

精神指引着"实体化"的进行，我们判断心理活动先于生理活动存在，它独立于任何外在表现，对肌肉和器官发号施令。

倘若仅仅是因为婴儿无法挺直站立或无法协调动作，就断言婴儿的肌肉软弱无力，那可就大错特错了。新生儿扑腾着小胳膊小腿，肌肉力量显而易见。即使是吮吸和吞咽这样需要肌肉协调的复杂动作，婴儿也可以从容地完成。与动物的幼崽相比，大自然给予人类婴儿更多的自由，人类所有的动作都依靠意识指挥。肌肉顺从地执行意志强有力的号令，一张一缩，协调运动。长大后的孩子不仅具有人类这个物种的基本特征，会直立行走，会说话，还会拥有独一无二的灵魂。新生儿就像一个谜题，而谜题的答案只能等时间来揭开。

动物幼崽长大后的模样，对我们来说并不难猜：羚羊的后裔轻快敏捷，是出色的赛跑运动员；大象的后裔憨态可掬，行动迟缓又笨拙；老虎的后裔野蛮凶残；兔子的后裔喜食萝卜青菜。

而人类的后裔千姿百态，各有特征，儿童柔弱的外表下孕育着丰富的个性。婴儿咿咿呀呀的声音有一天会变成清晰的词语，只不过他讲的是何种语言我们现在还不得而知。他会竖起耳朵倾听周围人讲话，竭力模仿听到的发音，从音节到词语。在与环境的接触中，他下意识地开发自己的功能，他是自身的创造者。

哲学家已经对新生儿不具备行为能力的现象进行了探讨，但是医生、心理学家、教育工作者却对此缺乏关注。这一现象显而易见、亟待查证，但它同潜意识之中封存的其他真相一样，在很长时间内都被搁置一隅，不予理睬。

在实际生活中，对儿童天性一知半解的态度带来了一连串的危害，尤其是对儿童的精神生活造成了巨大威胁。人们错误地以为，幼儿不仅肌肉乏力，缺乏自理能力，他们的内心也是空洞而被动的。等到婴孩长大成人，父母才敢拍着胸脯说道，多亏了他们的教育和培养，孩子的天赋才得以开启。父母们坚信，自己对孩子的帮助是一种职责，他们是儿童的塑造者，是构筑儿童精神世界的工程师；是他们从旁提供的指导和建议，刺激了儿童智力、情感和意志的发展。

成年人在儿童世界里自诩为神，他们认为自己拥有天赋的权利指挥儿童的一切。然而别忘了，傲慢是人类罪恶之首，取代神的念头会为子孙后代招致祸患。

实际上，儿童手中握着解开自身谜团的钥匙，他的心理活动有迹可循，他的成长路线有既定规律，冥冥之中有一种力量在帮助他成长。然而，成年人的妄加干涉使得儿童的精神发育扭曲畸变，人类原始的神性被抹杀，在一代又一代的"实体化"过程中，人类将逐渐脱离上帝的指引。

人们并未意识到，儿童的精神世界具有能动性，这个隐秘的世界无法完全呈现于世人眼前，而且要经过漫长而艰难的岁月它才能发展完全。

我们不妨想象这样一幅场景，儿童的心灵被囚于黑暗的监牢之中，它静静出生，悄然成长，期盼光明唤醒意志的力量，从而操控无力的肉体。然而黑暗中总是潜藏着骇人的力量，伺机生扑甚至碾碎尚未成型的生灵。

然而"实体化"看不见，摸不着，没有人期待它的到来，也没有人为它做足准备（当然了，在这一过程中成年人既不为孩子提供任何保护，也不提供任何帮助）。

儿童的心灵是一个精神胚胎，就像肉体胚胎需要母亲的子宫一样，它也需要一个特殊的环境：营养丰富，爱意温存，没有任何能伤害到他的东西，一切的一切都是为了呵护他而存在。

一旦成年人认识到这一真相，他们对孩子的态度将会扭转。儿童被看作一个实体化的精神生命，将使成年人意识到肩上的重任。

我们将满心的爱意都倾注给了新生命，然而这些关心仅仅停留在生理层面，这个柔软而可爱的小家伙，仿佛只是我们手上的一个玩具。婴儿还有不为人知的另一面，需要成人给予尊重。如古罗马诗人尤维纳利斯所言："最高的敬意理应献给儿童。"

"实体化"是一个隐秘的创造性的过程，它是尚未铺陈的剧本，与之有关的故事还未拉开帷幕。

意志伴随着生命的降生而存在，它唤醒沉睡的四肢躯干，赋予肉身活力，又用规矩加以约束。一个刚刚萌发意识的生命，无论是肌肉还是感官都在探索和适应环境，竭力发展自我。

个人，或者说精神胚胎与环境之间存在着互动，得益于这种互动，人类才能至臻完美。就好像胎儿发育过程中，心脏通过母亲的血液来吸收养分，孩子的心灵就是精神胚胎的"心脏"，这颗"心脏"在与外界环境的交流沟通中成长发展。孩子努力融入周边环境，在这份努力中诞生了核心人格。

精神胚胎与外界环境的交流是缓慢而渐进的，在此过程中，心灵必须时刻保持警惕，维护它至高无上的话语权，使动作不至于呆滞愚笨、了无生气，亦避免身体脱离意志的控制而陷入混乱。如此这般，精神实体化这一永恒的工作将更具活力，能更进一步发展。

在造物主的构想下，人的个性发展就像胚胎发育成幼童一样，需要通过意志的努力。

那么父亲和母亲究竟扮演着怎样的角色呢？

父亲提供了一个无形的细胞，母亲提供了一个卵细胞和可供受精卵发育的安全环境，渐渐地这颗受精卵分裂再分裂，变成了幼小的新生命。人们常说父母创造了孩子，实际上这种说法是错误的，我们应该说是孩子创造了成人，孩子才是"人类之父"。

我们应当将孩子看作是上天的恩赐，是神圣的礼物，因为一个人的个性将会在儿童阶段敲定。

因此，我们应该树立强烈的责任感与迫切心，用科学的理论研究儿童的精神世界，为他们预备更好的生活环境。

在这一研究领域，我们仍处在初级阶段，还有大量的科学奥秘亟待破解。期盼未来的某一天，我们能调动聪明才智，通力协作，攻克人类教育的难题。

07 心灵的塑造

敏感期

即使是最幼小的婴儿也拥有感知世界的能力,这种原始的心理建设活动非常隐秘,看不出具体的表现形式。但如果我们因为无法观察到这种心理建设活动就否认它的存在,那就太愚蠢了。举个例子,婴儿的发声器官虽然还未发育完全,但语言的种子已经深深地埋在了他的灵魂之中。也就是说,婴儿在咿呀学语之时,便具备了掌握这门语言的倾向。相似的理论适用于儿童精神世界的方方面面,语言只是它的外化表现。每一个孩子都拥有创造天赋,他的身上潜藏着一种力量,使他能够根据外部环境构建内心世界。

因此,生物学上近期对于所谓的"敏感期"的发现,对我们来说十分具有意义。"敏感期"是成长道路上的重要一环,我们希望通过研究可以解答一些问题,比如,成长的过程需要哪些条件,幼小的生命如何茁壮成长。

人们口中常说的"成长",实际上指的是幼儿身体的发育,即一种显而易见的外形变化。直到不久前,我们才逐渐摸清它的内部机制。现代科学从两方面入手探索这一谜团:其一是内分泌腺。内分泌腺对幼儿的身体发育有着至关重要的影响，因此它迅速成为儿童护理领域的热门论题。其二便是"敏感期"。对敏感期的研究让我们有新的途径了解儿童成长的心路历程。

荷兰科学家雨果·德弗里斯发现了动物的敏感期。而我们在学校里，发现了儿童成长过程中的敏感期，并将之运用于教育活动中。

敏感期指的是生物成长过程中，即幼年期时特殊的敏感性。这一敏感性是暂时的，一旦某种特质被获得，它就会立刻消失，由此我们推断出，生物的每一种特质的建立，都离不开敏感性的推动，这股推力是稍纵即逝的。所以说，人的成长并不是什么模糊的东西，或者是遗传基因作用下的命中注定的答案，而是在暂时性的、周期性的本能的精心引导下，长期运作的结果。这种本能指引了特定的行为，但本能牵引的活动有时与成人有意识的活动大相径庭。

德弗里斯首先在昆虫身上观察到了敏感期，因为昆虫的蜕变易于观察，是绝佳的实验对象。德弗里斯以蝴蝶幼虫为例，这种幼虫成长速度很快，它们贪婪地啃噬着植物的枝叶，逐渐发育为成虫。刚诞生的蝴蝶幼虫还吃不了巨大的叶片，它们只能吃树梢上的嫩芽。

模范母亲雌性蝴蝶出于本能将卵产在树干与树枝连接处的角落里，对于它的后代来说，这里既安全又隐蔽。然而破茧而出的幼虫如何得知哪里才能吃到柔嫩的叶子呢？答案是光。幼虫对光十分敏感，光线指引着饥肠辘辘的幼虫爬向明亮的树梢，树梢上的嫩叶就是它的养料。令人惊奇的是，当蝴蝶幼虫度过这一时期，可以吃其他食物时，它们便失去了对光的敏感性。幼虫的感光本能逐渐褪去，它开始另谋出路，寻找其他方法维持生命。

幼虫并不是无视了光的存在，而是光线对它来说不再具有特殊的刺激性了。

同时，另一种敏感性使植物的破坏者、贪食的小饕餮顷刻之间变成了斋戒的苦行僧。在严格的斋戒期间，蝴蝶幼虫如死人入棺一般将自己缚在虫茧之中，在这个棺椁里，幼虫蜕变为成虫，亟待破茧而出的那一刻，它将张开美丽的翅膀，成为耀眼的蝴蝶。

众所周知，蜜蜂的幼虫也要经历一个相似的阶段，在此期间所有的雌性幼虫都有可能成为蜂后。但蜂群只会推举其中一只成为蜂后，工蜂会为这只未来的女王蜂制造一种特殊的食物，动物学家称之为"蜂王浆"。被选中的幼蜂将享尽珍馐美味，在琼脂玉酿的滋补下，它会成为统领蜂群的女王。这段时期过去之后，即使蜂群想要推举另一位蜂后也是不可能的了，因为幼蜂的身体已经度过了暴食的阶段，不再具备发育能力。

这些现象向我们揭示了儿童成长的关键问题：儿童身上蕴藏着生命的动力，这一动力将向两个方向发展，一是化作勃勃生机，指引儿童完成奇妙壮举；二是在沉默中消逝，相应的孩子也会变得呆滞盲目、碌碌无为。

看到这两种景象，成年人岂能袖手旁观、无动于衷？

倘若儿童在敏感期时不能依据本能行事，那么他们将永远失去自然赋予的机会。

在心理发育的过程中，孩子有许多了不起的作为，但在我们眼中，这些都是稀松平常的习惯举动，如此麻木的态度让我们变成了冷漠的旁观者。试想，一个从虚无中降生的婴儿如何在复杂的人世间弄清方向、辨别事物？何种天赋能够让他们在无人教导的情况下，仅仅依靠生活环境就能掌握一门语言？况且他们活得简单自如、无忧无虑、不知疲倦；成年人为了适应新环境，尚且需要许多帮助，他要付出大把汗水才能习得一门新的语言，然而即便如此，他的语言水平仍旧追赶不上婴儿时期便开始接触这门语言的母语学习者。

敏感期是儿童学习与收获的时期，此时的他好比一座灯塔，内心澄明，不竭的光芒一扫周遭的混沌与黑暗。这种敏感性使得儿童以一种迅速而热络的方式与外部世界建立联系。此时，他们身上充满活力与热情，学习一切都显得轻而易举，每一点努力都会换来能力的增强。只有在一个目标完成之后，麻木和疲倦感才会随之而来。

当一团激情的火焰燃烧殆尽，另一团火焰将会迸发，在恒久的激情中，儿童越过了一个又一个山丘。我们将这种旺盛的生命力称作童真与童趣。美丽的心灵之火熊熊燃烧，永不熄灭，人类的心理世界在此过程中逐渐完善。敏感期消失之后，人们只能凭借坚定的意志和勤奋的探索来获取智慧成果，随之而来的还有冷漠、麻木和倦怠感。这就是儿童与成人的本质区别。儿童具有自然的活力，这种内在的特殊天赋帮助他们创造了一个又一个奇迹。如果在敏感期遭遇障碍，儿童就会迷失自我，走上歧途，这种精神上的痛苦仍然不为人所知，但几乎在所有人的潜意识之中都留下了沉痛的烙印。

儿童成长的过程于我们而言仍是谜团，我们不知道孩子如何培养自身的个性特点，但根据长久以来的经验，我们发现，当外界对儿童的活力发展百般阻挠时，他们将做出痛苦而激烈的反抗。成人无法解释这些现象，认为孩子不听劝阻，无理取闹，于是强行归结为"小孩脾气"。久而久之，人们把所有这些原因不明、缺乏逻辑的行为认定为"任性"，随着时间的推移，所谓的"任性"越加恶劣。这一切说明表象之下有潜藏的病因，而我们还没有找到这种病症的治疗方案。

现在，我们可以用敏感期解释很多儿童无端的任性行为，但这不是唯一的答案，因为儿童内心的挣扎与困顿背后藏着各种各样复杂的原因。很多被视为"任性"的行为，只是大人错误对待儿童而导致的恶果。敏感期的内心撕扯所导致的任性是短暂的，它将随着这段时期的结束而消散，不会在性格上留下痕迹，但它作为成长的缺陷，将来会给成人的心理健康造成无法弥补的影响。

儿童之所以大发脾气是因为在敏感期他们的特殊需求得不到满足，儿童通过这些异常的表现向成人发出危险警报。如果成人能接收到这种讯息，给予足够的理解并满足孩子的需要，那么任性行为会立刻停止，一个病态的撒泼打滚的顽童会马上变成安静顺从的乖小孩。因此，我们有必要探究孩子每种行为背后的原因，这些被我们称为"任性"的行为，并不真正为我们所了解。一旦我们发现了任性行为中隐藏的秘密，我们就能抵达儿童心灵的隐秘之处，理解儿童并与他们和谐相处。

探究敏感期

实体化和敏感期是我们观察儿童内心的两个窗口，通过观察，我们发现了儿童心理发育的内部机制。儿童的心理发展并不是偶发事件，也不是源于外界的刺激，而是受暂时的敏感性引导。敏感性是人类的本能，可以帮助人类获得某些特性。尽管儿童的心理发展与外部环境脱不了干系，但这并非决定因素，外部环境仅仅是为心理发育提供了必要媒介，如同身体发育需要外界的食物养分与新鲜空气。

儿童内心的敏感性指引他们从复杂多样的环境中挑选必要的成长因素和适宜的成长条件。这种指引是怎样进行的呢？儿童将对某些特定的事物敏感，而对其他事物视若无睹。当敏感性在儿童体内产生时，就如同从他心中照出一道光，这道光只聚焦在某些东西上，而忽略了其他的一切，光芒笼罩下的事物构成了他的全部世界。但是，这并非仅仅出于儿童对适应成长环境、吸收成长因素的强烈愿望。儿童身上还潜藏着一股独特的能力，他能够利用这种能力促进自身发展，完善心理建设，迈入外部世界，为身心注入活力。

在儿童与外界环境的敏感关系之间藏着一把钥匙，它能打开神秘世界的大门，带领我们找到创造人类成长奇迹的精神胚胎。

我们可以把这种奇妙的创造性活动想象成一系列源于潜意识的强烈情感。这种情感在与外界环境的接触中缔造了人类的意识。从最初的混沌，到逐渐清晰，继而开始创造性的活动，儿童语言能力的获取就是这一过程的佐证。

我们不妨思考一下儿童是怎样学习语言的。起初，外部环境的噪音杂乱无章，难以辨识，突然之间，婴儿听到一种与众不同的、极富魅力的声音，虽然他无法理解个中含义，但流畅而清晰的语句一字一句地落在了他的耳朵里。此时，婴儿尚未具备思考的能力，这些话语在他听来，仿若飘飘的仙乐。婴儿的神经被激活了，但并不是全部的神经，而是之前那些用来放肆哭号的神经被激活了。被唤醒的神经改变了颤动的方式，它们变得井然有序、富有节奏。这说明精神胚胎进入了新的发展阶段。不过，此时的婴儿只关心眼前的生活，未来对他而言还是未知数。

慢慢地，婴儿的耳朵能够分辨不同的声音，舌头也不再仅仅用于吮吸，而开始感受在口腔内的震动。在一种无法抗拒、不合逻辑的力量的指引下，婴儿开始用舌头探索喉咙、嘴唇和脸颊。这些动作是生命的律动，除了带来难以言喻的愉悦之外，还没有其他意义。

儿童的一切行为都显现出这种本能，当他蜷缩四肢、握紧拳头，抬头看着说话的人，并目不转睛地盯着一张一合的嘴唇时，他会感受到发自内心的愉悦。

此时，儿童正在经历一个敏感期。神明拂去了他心灵的积尘，蛰伏的灵魂即将爆发出蓬勃的生命力。

儿童的内心是一个充满爱的世界。爱，是灵魂的唯一信奉，是生命的伟大真谛；爱，一点一滴，溢满孩子的心间；爱，悄无声息，缓缓流淌，留下永不磨灭的痕迹，赋予一个人相伴终生的高贵品质。

只要外在环境能够满足儿童的心理需求，所有的一切都会在悄然之间发生。比如，语言是儿童最难习得的技能，也是与敏感期最为相关的技能，但敏感期仍然不为人发觉，因为儿童身边总是聚集着交谈的人群，这些人为儿童学习语言提供了必要条件。唯一能让我们从外部观察儿童这一敏感性的反应，就是他的微笑，当人们对他说出一些简短的词语，就好像我们听到教堂清晰可辨的钟声，这会让孩子非常高兴。另外，当大人在晚上为婴儿唱起摇篮曲，反复的呢喃声会让婴儿平静下来，他们将在一种愉快的心境中进入梦乡。正是因为知道这一点，我们才会在与婴儿讲话时柔声低语，换取他活力满满的微笑。也正是因为这一点，从古至今，每当夜幕降临时，父母都会守护在孩子身边，用音乐和故事满足他们的期望，安抚他们焦躁的心情。

可以说，这些是儿童富于创造性的敏感期的正面证据。还有一些反面证据，能够更明确地指出敏感期的存在。当外部世界妨碍了儿童的内心需求，儿童会表现出暴怒和绝望，成人将这些无端的任性称之为"耍小脾气"。而这些任性行为恰恰是心理需求无法得到满足而导致的内心失控的表象，这是儿童的疾声呼救，也是他们的自我防御。

儿童无理取闹的行为，在生理上可以比作原因不明的高烧。我们知道，幼童往往因为一点小病就高烧不退，而这些小病对于成人而言不足挂齿。不过高烧来得快去得也快。同理，儿童在心理上十分敏感，会因为一点鸡毛蒜皮的小事而做出激烈反应，这是人尽皆知的事情。事实上，儿童的任性与生俱来，过去我们认为这是人性本恶。其实不然，如果我们把每一种功能失调都当作功能性疾病的话，那么儿童心理功能的失调同样是一种功能性疾病。儿童最初的任性行为是他心理上最初的发病期。

我们对儿童反常的行为投入了大量关注，因为这些行为就发生在眼前。但问题的关键不在于心平气和地提出问题并要求得到答案，而在于清醒地意识到这是孩子心理功能失调的表现。儿童的疯狂行为违背了自然的规律，这是一种难以从外部察觉的异常信号，在成长过程中，这种异常现象带来的负面影响将潜伏在体内，不会立刻显现出来。

生命的成长发育如同商品的制造过程，儿童作为成品被置于橱窗供人欣赏，虽然加工的过程妙趣无穷，但却不对外公开。人体内部器官的运作如同商品生产一样精妙，但我们看不见，甚至察觉不到它们的运作。依靠器官运动才得以生存的人类，却对自己身体内部的活动一无所知。大自然就是这样悄无声息地造物弄人，正如仁慈的基督所言："你的右手并不知道你的左手做了什么。"当人体所有功能有序地集合在一起，达到平衡和谐的状态，我们才会认定一个人是"健康的""正常的"。健康是一个宏观目标，建立在各个局部的正常运转之上。

我们已经客观地揭示了疾病的所有细节，却忽略了得之不易的健康奇迹。医药史上记载，人们在远古时期便发现了一些疾病，有证据证明在古埃及和古希腊时期就进行过外科手术。但是，直到近代人体器官才被发现。十七世纪时，人们发现了血液循环系统，1600年通过解剖人体研究器官，进行病理学分析，生理健康的秘密，即器官的正常运作方式才被逐渐发觉。

奇怪的是，人们往往纠结于儿童表现出来的心理疾病，却对隐于深处的正常心理模式不闻不问。儿童的心理功能在暗中悄然完善，如果我们能够认识到它的微妙之处，就能更好地了解儿童的种种行为。

这种观点听起来出人意料，但却并不荒谬。成年人只看到了儿童的心理疾病，却对儿童正常的心理功能一知半解；儿童的心灵是人类尚未涉足的"新大陆"，其中蕴藏的巨大的能量亟待人们的探寻。

健康成长的孩子就好像上帝创造的神话人物，从来没有人一窥真容，因为人类的后代自降生之日起便走上了歧途。

如果我们不给儿童提供任何帮助，不为他创造良好的生活条件，他的心理生活将处在接连的危险之中。他仿佛上帝的弃儿，赤条条地暴露在环境里，面临着各种险境，为了心灵的成长而不断抗争，他的人格将会在此过程中逐渐树立。

成年人不施以援手，是因为根本没有意识到儿童所处的困境，因此他们也不知道儿童创造了怎样的奇迹——从虚无之中构筑起丰沛的心灵雨林。

成年人应该换一种方式对待儿童。他们不是一株仅仅需要生理呵护的植物，他们更期待的是心理关怀。成年人不能再对新生儿的心理发育置若罔闻，而应当在最初阶段就给予照料和爱护。

但是，儿童的心理塑造是一个自发的过程，是大自然的使命，我们应当尊重这个过程，在一旁保驾护航，提供必要的帮助，尤其是那些儿童无法通过自身力量获取的条件。

倘若前文的理论属实，心理功能失调和心理疾病将阻碍儿童的健康成长。过去，由于缺乏儿童护理知识，婴儿死亡率居高不下，幸存的儿童中也有很多患上疾病，或失明，或佝偻，或跛脚，或瘫痪。还有的儿童身体虚弱，器官畸形，极易感染结核病、麻风病、淋巴结核等传染病。

现在，同样的问题摆在我们面前。我们缺乏儿童心理护理方面的知识，社会上还未形成保护儿童、拯救儿童心理的良好氛围，更何况，还有许多人对儿童心灵中隐藏的创造精神与巨大能量充耳不闻。

死亡，是儿童面临的首要难题。有多少夭折的孩子，就有多少失明、残疾、孱弱、发育迟缓的孩子，更进一步讲，就有多少傲慢、功利、吝啬、易怒的孩子，心理失调导致了儿童精神上的残缺。这样的描述并非夸大其词，也非耸人听闻，而是血淋淋的现实。

生命之初的毫厘之差就可能造成人生轨迹的偏离。一个人在不属于自己的精神环境中成长成熟是多么痛苦的事情，如谚语所云："他活着，却没有活在天堂。"

观察与例证

婴儿的心理活动无法通过科学实验来证明，现代心理学家试图通过临床试验观察婴儿的反应，他们想方设法地吸引婴儿注意力，期待看到儿童对外界刺激做出心理反馈，但这些实验均以失败告终。

在一岁以下的幼儿身上，心理实验起不到任何效果，尽管此时运动器官之间已存在精神上的联系，也就是说，"实体化"正在进行。

在胚胎发育的过程中，心理活动已经存在，而且它的存在是先于任何意志控制的动作的。

究其根本，是因为有了心理层面的感知，才会有第一次的冲动。心理学家库尔特·勒温给我们举了一个生动的例子，如果一个婴儿想要得到某样东西，他的整个身子都会活络起来，努力地接近目标。而后经过长时间的身体发育（直到运动系统协调配合），他才能逐步分解动作，伸手够到想要的物品。

再比如，一个四个月大的婴儿会目不转睛地盯着说话的人的嘴巴，他拼命地抬起小脑袋，唇齿间模仿着大人发出含糊不清的嘟囔声。等到他六个月大的时候，开始能清晰地发出几个音节。在此之前，他的语言系统悄然发育，默默地学习着发音方法，这证实了心理指令先于具体动作存在。幼儿对于外界的感知无法通过实验证明，只能借助观察的方法得知。心理学家不合时宜的实验会损害儿童的精神发育，从外部破坏儿童的内在建设。

我们可以用法布尔研究昆虫的方法观察儿童的心理活动。为了观察到昆虫在自然状态下的活动情况，法布尔会悄悄躲在角落，不去打扰它们。同样，我们不妨等到儿童对世界的感知积累到一定层次时再去剖析他的内心，因为此时他已经能够把握外部环境自发成长。

我们大可不必将简单的观察过程复杂化，也不要以自己的视角将儿童的活动盖棺论定；若想帮助幼儿健康成长，有必要的常识和缜密的逻辑就够了。

其实，从旁观察是一件很简单的事情，我们举一个明显的例子。由于婴儿无法站立，人们往往以为他们理应躺在小床里。此时的婴儿本应该留下对世界的初印象，他会看到高远的天空和广袤的土地，但事实并非如此，映入他眼帘的顶多只有房间里苍白的、光秃秃的天花板，或者床上的小毯子。他眼中的景象应当满足内心的渴求。家长自以为幼儿喜欢看到新奇的物件，这些小物件能吸引他的注意力，但殊不知这种举动错误地将幼儿与他所处的环境割裂开来。大人们义无反顾地在床边系上一根线，线上挂着摇来摆去的小皮球，企图借此吸引孩子的眼球。此刻，试图捕捉外部环境影像的婴儿开始盯着晃动的球体，他的头还不能动，只能不自然地费力转动眼球。别扭的姿势让幼儿感到不适，小球本身无罪，但它晃晃悠悠的运动方式是造成不适的罪魁祸首。

正确的做法是轻轻抱起孩子，将他放在略微倾斜的平面上，这样他就可以看到周遭环境的全貌。如果条件允许，最好把婴儿放在花园中，让郁郁葱葱的草木、芳香馥郁的花朵、啁啾啼鸣的鸟雀环绕在他身畔。

此外，还有必要长时间地把婴儿放在同一个地方，让他重复看到熟悉的事物，这样他就能识别这些东西以及它们的位置，学会区分静物与动物。

08 秩序

对秩序极度敏感的时期是儿童最重要也是最神秘的敏感期之一。这种敏感性在儿童出生后的第一年便已表现出来，并且会一直持续到第二年。

我们会诧异于儿童对外界秩序的敏感度，因为人们往往以为儿童天性自由散漫。

在封闭的环境里，比如城市的楼宇之间，大大小小的物品杂乱堆积，任由成年人搬运布置，这时我们很难判断儿童是否有对秩序的微妙感知。如果在这一段敏感期内，儿童对秩序的要求没有得到满足，他们的心理将会处于非正常状态。

实际上，我们不是经常看到儿童会毫无缘由地放声大哭，无论大人用什么办法安抚都无济于事？原因就在于此。

婴儿幼小的心灵里潜藏着不少秘密，而与之朝夕相对的成年人却对此一无所知。我们不要再怀疑儿童是否具有隐性的心理需求，而是应当关注孩子所表现出来的特殊情绪。

儿童对秩序有着天生的热忱。在一岁半到两岁之间，尽管表达得不够清晰，但他们还是明确提出对井然有序的外部环境的需求。在秩序混乱的环境中，孩子们会感到痛苦，他们会用歇斯底里的哭喊表达自己的抗议，甚至可能罹患疾病。成年人和年纪稍长的孩子很容易忽略混乱的场面，而幼小的儿童却对此保持着高度的警觉。显然，随着年龄的增长，儿童对于秩序的敏感性会不断降低直至完全消失。因此，我们称之为"敏感期"的这段时期是暂时的、阶段性的，也是人类成长阶段最重要和最神秘的一段时期。

如果成年人给予儿童的是混乱不堪的环境，那么理应在平和的心境中长大的孩子，就会变得焦躁、迷茫和任性。

因此，成年人有必要参与到儿童心理的研究中，这样他们才能看清儿童对于秩序感所作的积极回应，当他们处在有序的环境中时身心会感到满足，表现出热情和快乐。在婴儿出生后几个月内，对于秩序的敏感期就已经出现。但是，只有那些经验丰富且留心观察的保姆才能发现，我们举个例子：一个保姆推着五个月大的女婴在自家花园中散步，小姑娘对灰色墙壁上镶嵌的一块白色大理石产生了浓厚的兴趣。尽管鲜花满园，但每次经过同样的地点，她总会被大理石板吸引视线。所以保姆总是将婴儿车停在这块大理石前，很难想象这样一个东西会带给五个月大的女婴如此长久的快乐。

另外，秩序感的缺失所导致的困窘清楚地反映了儿童敏感期的存在，或许大多数情况下儿童早期出现的任性行为都要归因于这种敏感性，现实生活中这种例子比比皆是。我们将目光挪向一个家庭，主人公是一个六个月大的女婴。某一天，她如往常一样待在房间里，有一位妇人走进来，在桌子上放了一把阳伞。小姑娘表现得非常激动，但引起她异样情绪的不是那位妇人，而是这把阳伞，过不了一会儿她就开始大哭大叫。妇人以为小姑娘想要这把伞，于是带着宠溺的笑意把伞递到她手中，然而小姑娘甩开了伞，继续啼哭。多次尝试后，孩子的情绪越来越激动。这就是婴儿出生后表现出的早期任性行为之一。这时我们该怎么办呢？洞察儿童心理的母亲旋即把桌子上的阳伞拿到邻近的房间，婴儿立刻停止了哭闹，安静下来。罪魁祸首便是这把阳伞，它出现在了不该出现的位置，孩子印象中物体的位置分布遭到了破坏，记忆模式被粗暴打乱。

还有一个我亲身经历的例子，这件事的主人公是一个稍大一些的孩子。有一回，我们一行人穿过那不勒斯的尼禄洞穴，其中一个妇女带着自己一岁半的孩子。对这个小可怜来说，翻山越岭的旅途实在太辛苦了，他徒步走了一小会儿便累了，于是母亲就把他抱在怀里。但这位妇人高估了自己的力量，不一会儿她便热得汗流浃背，只好停下脚步，脱去外衣，把衣服搭在手臂上，再抱起孩子。这时，小孩开始放声大哭，哭声越来越响。无论母亲怎样安慰都无济于事，最后妇人自己都不禁焦躁起来。看到这种情形，所有人都自然地围拢过来帮助这位母亲，大家轮流抱孩子、哄孩子，可是没起到任何作用，孩子仍然大哭大闹，愈演愈烈。母亲只好无奈地重新接过孩子，而孩子显然无法抑制暴躁的情绪，几近崩溃的边缘。

此时，导游走了过来，一把将孩子搂入粗壮的臂弯，然而孩子立刻开始激烈的挣扎。我想，孩子的这种反应总是与他内心的敏感性有关，于是我走到这位母亲身边，试着对她说："夫人，您能穿上外衣吗？"这位夫人惊讶地看着我，毕竟经过一番折腾，她又热又累，哪里有穿衣服的心思。但她依然听从了我的建议，将外衣重新穿上，孩子立刻停止了哭闹。当眼泪和不安消散后，孩子嘴里喃喃道："你……衣服……"他的意思是"你把衣服穿上了"；没错，妈妈的衣服就应该好好穿在身上，他仿佛心满意足地想道："你总算懂我的意思了。"就这样，孩子高高兴兴地回到了母亲的怀抱，我们也顺顺利利地度过了余下的旅途。通过这件事我们发现，在孩子的理念里，衣服就应该穿在身上，而不是像布条一样搭在手上。母亲身上的无秩序现象引发了孩子的情绪冲突。

我还目睹过一个相当典型的家庭场景。一位母亲感到身体不适，她叫侍女在背后垫上两个枕头，半躺着倚靠在扶椅上。刚满二十个月的小女孩，跑来母亲身边，央求母亲给她"讲个故事"。哪个母亲能够拒绝孩子想要听故事的请求？所以尽管身体不适，妇人还是满足了孩子的愿望，小女孩在一旁聚精会神地听故事。过了一会儿，母亲着实感到难受，就让侍女扶着回到旁边的卧室休息。这时，坐在扶椅旁的小女孩开始哭了起来，大家以为她为母亲的病痛感到难过，赶忙上前安慰。但当侍女从扶椅上拿起枕头准备送到卧室的时候，女孩叫嚷起来："不行！枕头不可以！"她似乎是想说："至少留一些东西在原来的位置上！"

一群人温言细语地将女孩哄到她母亲床边，为了安抚孩子的情绪，母亲强忍着病痛在床上继续讲故事。但是女孩并不满足，她满脸泪痕，呜咽着喊道："妈妈，扶椅！"她想劝母亲回到扶椅上讲故事。

故事并不能吸引孩子，反而是周围情景的变化触动了孩子的情绪。改变了位置的母亲和枕头，在一个房间中断、又在另一个房间开始的故事，都在孩子的心里泛起波澜。

这些事例说明了儿童强烈的本能。人们惊讶于这种本能过早地显现，一个两岁的孩子就有了对秩序的需求，这种需求会转化成行为的动力，但不会成为行为的阻碍。在学校里，我们观察到一个有趣的现象：如果一个物品不在它原来的位置，两岁的孩子会发现这一点，并且将它放回原处。儿童能够意识到细微的不协调，但成年人以及年龄稍大的孩子却会忽略这一点。比如，一块小香皂没有放在香皂盒里，而是放在洗漱台上，或者一把椅子斜放着，两岁的孩子会很快发现这个问题，并将物品重新摆好。巴拿马运河通航的那一年，为了教学需要，我们在旧金山展览馆的大厅里搭建了一座玻璃教室，供人观看。当一天的教学活动结束之后，两岁的小朋友会主动将椅子沿着墙壁摆放整齐。一天，在摆放好一把大椅子之后，小朋友露出若有所思的神情，他退了回来，重新调整了椅子的角度，让它变得稍稍倾斜，因为在他心目中这把椅子本来的样子就是这样。

有人会说，秩序是一种刺激，它调动着人的神经。但我们可以肯定，秩序不止如此，它是生活真正的需求，在有条不紊的环境中，人们更容易得到快乐。事实上，我们能看到，学校里年纪稍大的(比如三四岁)孩子也同样会在活动结束之后把物品放回原处。毫无疑问，这一动作使他们感到发自内心的满足。秩序感意味着物品各归其位，我们能记住每样物品的位置，迅速找到需要的东西。即使闭着眼睛四处走动，想要的东西也都在手边。这样的环境才能保障幸福快乐的生活。当然，儿童眼中的秩序感和成人干巴巴的定义并不相同。

秩序，对成人而言是一种外在的快感，甚至是可有可无的小幸福。但是，对于依附环境而成长的儿童来说，混沌的生活并不可取，因此，他们需要严肃而准确的指引。

秩序，就像动物脚下的土地、鱼儿生存的活水，对儿童来说必不可缺。在婴儿时期，儿童的视野愈渐开阔，他会获得辨别事物的能力，为未来的精神活动打下基础。

一些游戏也能够反映出秩序感带给儿童的快乐，这些游戏缺乏逻辑性，但在固定的位置找到想要的东西，会让儿童感受到纯粹的愉悦。具体解释之前，我想提到日内瓦的皮亚杰教授的一次实验。他把一件物品藏在扶椅的坐垫下面，把孩子打发走之后，再将这件物品挪到另一张扶椅的坐垫下面。教授认为孩子在原来的地方找不到东西，就会继续寻找，为了简化实验，他将物品放在相似的位置。但是，当孩子掀开第一把椅子的坐垫却一无所获时，他只是简单地说了句"没有了"，而没有继续寻找不翼而飞的物品。教授又做了一次实验，这一次，他故意让孩子看到原先藏在第一把椅子下的东西，被挪到了第二把椅子下面，但孩子的反映与之前如出一辙，他只是简单地重复道："没有了。"教授以为他的孩子太过蠢笨，于是不耐烦地掀开第二把椅子的坐垫，对他说道："你没看到我把它放在这里了吗？""看到了"，孩子指着第一把椅子回答道："但是东西应该放在那里呀。"

找不找得到东西对孩子来说并不重要，他关心的是这件东西是否在原来的位置上。毋庸置疑，孩子认为教授并不理解这场游戏。如果不把东西放在原来的位置上，也就是第一把扶椅的坐垫下面，那么游戏还有什么意思呢？

每每看到两三岁的小朋友玩捉迷藏游戏玩得不亦乐乎，我就感到强烈的好奇。一群孩子看着一个孩子"藏"到桌布遮掩的桌子底下，他们先离开房间，然后再回来掀开桌布，兴奋地尖叫着找出藏在桌子下的小伙伴。游戏一遍遍地重复，每次都有人说"现在轮到我藏了"，然后他再钻到桌子底下。有几次我看到几个大孩子和一个小孩子玩捉迷藏，小孩躲在家具的后面，大孩子们走进房间之后装作没有看见，四处寻找，以为躲藏的小孩会感到高兴，没想到适得其反，小孩立刻嚷嚷道："我在这儿呐！"他的语气仿佛在说难道你们没看到我吗？

有一天，我受到孩子们的邀请，和他们一起玩捉迷藏的游戏。一群小朋友兴高采烈地拍手叫嚷，因为他们找到了躲在门背后的伙伴。他们朝我走来并对我说："跟我们一起玩吧，你来藏！"我欣然应允。孩子们诚实地走远，等待我躲藏起来。但是，我没有躲在门后，而是躲在了衣柜后的角落。孩子们进来后发现我并没有躲在门后，就放弃寻找了，我等了一会儿，看他们依旧没有要找我的意思，只好自己走了出来。孩子们沮丧地问我："你不愿意和我们玩吗？你为什么不藏起来？"

事实上我们明白，孩子们的游戏荒唐幼稚，但他们自得其乐，应该说，在某个特定的年龄段里，找到固定位置上的东西就能让孩子感到愉快。在孩子的理解里，"藏"意味着物体在隐秘地点之间的移动，他们需要的效果是："虽然表面上看不到，但即使我闭着眼睛，也能确定物品摆放的位置。"

以上案例告诉我们，儿童的秩序感是与生俱来的，这是一种内在的感觉，它不针对物体本身，而是关注物体之间的联系；由此，相互依存的各部分组成了整体环境。在这种环境中生活的儿童，能够自如地辨别方向，找到自己的目标。如果没有这种感觉，他便意识不到事物之间的基本关联，比如将家具搬到户外。同理，如果图画没有系统的笔法色彩，那只不过是堆在一处的涂鸦罢了。如果一个人能看到物体，却看不到物体之间的关联，那么他就会陷入混乱，找不到思绪的出口。

正是在儿童时期，一个人开始建立自己的思维，掌控自然赋予的天资，引导自己适应环境，走向正确的人生道路。秩序敏感期是大自然给人类上的第一堂课，就好像老师首先教会孩子认识教室的平面图，然后再开始学习地图、认识地球。可以说，秩序感是大自然赋予人类在世间辨别方向的指南针。通过秩序感的培养，儿童学会听音辨声，开口说话，这种语言能力还将无限发展。人类的智慧并非凭空而来，儿童的敏感期便是智慧的源泉。

内部秩序

儿童身上同时存在着秩序感的两面：外部秩序和内部秩序。前者指的是外部环境各部分之间的关系，后者指的是身体器官的位置和相互关系，我们也可以称之为"内部定位"。

内部定位一直是实验心理学的研究对象。实验心理学家认为肌肉具有记忆力，能够感知身体各个部位的位置，并固化成特殊记忆，也就是我们常说的"肌肉记忆"。

这种理论刻板地认为意识可以感知并操纵行为，是经验主义的泛泛之谈。比如，这种观点认为一个人伸手去拿东西，这个动作就被感知并固定在记忆中，可以于日后再现。这样人就具备了方位感，可以肆意挥动双臂，扭转身子，根据以往的经验，按照自己的意识做出各种动作。

但儿童自身表明，在他们能自由地四处走动、积累经验之前存在着一个发展迅速的敏感期。换言之，在这段时间里，儿童对身体的动作姿态高度敏感。

传统理论认为动作源于神经传导，敏感期则被认为是一种心理现象，它是精神的福音，为意识的形成打下坚实基础。这股能量从无到有，为精神世界的构成铺平道路。因此，敏感性是天赐的礼物，有意获取的经验不过是天赋发展下的产物。当外部环境阻碍了这种创造活动的发展，儿童就会变得暴躁焦虑，平息不了的心火可能会演化成难以治愈的病症，持续地损害着儿童的身心健康。这种反面的例证，揭示了敏感期的存在，以及它的敏锐性。

一旦障碍消除，癔病也会随之消失，无影无踪，这更加明显地说明了发病的原因。

我想讲一个有趣的案例来证明这一点。一位英国保姆要请假离开主人家，她在短时间内找了一位同样精干的保姆暂时代替。对这位新保姆来说，所有工作都不在话下，唯独给孩子洗澡这件事让她颇感烦心。每次给孩子洗澡时，他都会激烈反抗，大哭大闹，试图从保姆手中溜走。保姆想尽一切办法安抚他，都无济于事，渐渐地这个孩子对新保姆充满敌对情绪。当先前的保姆回来之后，孩子恢复了平静，乖巧地让保姆替他梳洗。这个保姆曾经在我们学校受过训练，她十分好奇孩子的异常表现背后究竟有怎样的心理原因。经过耐心的调查，她破解了婴儿未说出口的话语。

这个保姆发现了两件事，孩子已经将新保姆视同仇敌，这是为什么呢？因为她在给孩子洗澡时，右手托头，左手托脚，这与第一个保姆的习惯恰恰相反。

还有一个更为严重的案例，在这个故事里我们会谈到一种疾病，这种病的病因很难确诊。我碰巧参与其中，虽然不是以医生的身份介入，但还是为问题提供了解决方案。故事是关于一个带着一岁半孩子的家庭，全家人刚经历了漫长的旅行，父母说孩子太小经不起旅途疲累，但他们在路上并未发生什么意外。这家人住在家具齐备的高档酒店，每到一处都有为孩子精心准备的婴儿床和食物。有一天，他们来到一个舒适的公寓，这里没有婴儿床，妈妈搂着孩子在一张大床上睡觉。晚上，孩子开始变得焦躁不安，而且出现了消化不良的症状。每当夜幕降临，大人就必须把他抱在怀里，来回踱步哄他入睡。起初，孩子的父母认为是胃部的抽痛让他哭号不止，于是请来儿科医生做检查，并精心调配了营养俱全的饮食，无微不至地照料孩子。同时，辅之以日光浴、散步、理疗等先进手段，但孩子的病情非但没有任何缓解，反而更加严重，折磨得全家人彻夜难眠。最后，孩子出现了肌肉痉挛的情况，在床上痛苦地翻滚，这样的症状每天都要发作两三回。于是，他的家人决定咨询一位著名的儿童神经科医生。我正是在此时介入其中。孩子看起来健健康康，根据父母的描述，他在旅途之中都未表现出异样的反应，因此可能是精神上出了问题。当我做出初步判断时，这个孩子正在床上焦躁地翻滚。我无言地搬来两把扶椅放在床边，又把它们拼在一起，将扶椅与小床搭成婴儿床的形状，然后铺上床单和被褥。孩子看着这张"婴儿床"，立刻停止了尖叫，连跪带爬地躺进了床里，嘴里含混地嘟囔着"摇篮，摇篮，摇篮"，然后进入了梦乡，从此再也没有发过病。

显然，孩子习惯了儿童床给予的保护感。躺在没有栏杆的大床上，他的内部秩序就会失衡，这导致了心理上的痛苦和冲突，生理上的治愈办法难以起到作用。敏感期的力量是如此强大，它是大自然创造力的投影。

儿童对于秩序的感受与我们完全不同，我们已经有了丰富的经历，对发生的一切麻木不仁，而婴儿的内心却是白纸一张。他的一切动作，都是从零开始，他既能感受到创造的艰辛，又享受到创造的成果。走出了这个过程的我们就如同白手起家之人的后裔，体恤不到先辈的付出，也难以理解先辈遭受的磨难。我们已经在社会中占有了一席之地，因此变得冷漠、麻木、傲慢。如今，成年人应当冷静思索儿童为我们创造的一切，儿童为我们建立了意志，锻炼了肌肉，让我们有能力在大千世界中自由穿梭。我们能够感知到自我的存在，是因为儿童为我们培养了感觉。我们拥有的财富，是儿童的遗留产物，是从无到有、组成我们生命的一切。儿童完成了人生的第一步，即从零开始的建构。儿童为活动而活动，他们的存在如此接近生命的本源，他们创造性的活动既不被人发觉，也无法留在成年人的脑海中。

09　智力

儿童已经向我们证实，人类的智力并非像机械心理学家所认为的那样，在外部环境催化下缓慢发展。但在理论走向实践的道路上，这种观点造成了极大的阻碍，导致我们用错误的方式教育和对待孩子。根据这种观点，外部的事物如不速之客，粗暴地敲开心灵的门扉，攻占感官世界。渐渐地，这些意象交织融合，形成"智慧"。

种种说法，大概不过是古代谚语所说的："凡诞生于智慧的，必诞生于感觉。"这一概念假设儿童的心理是消极被动的，它听凭外界摆布，因此受制于成年人的全权照管。传统教育学中还有一条相似的理念，即儿童的心理不仅是消极的，而且还像空空如也的花瓶，迫切地等待被填满。

过去的经验告诉我们，外部环境对于智力的构成具有重要意义。我们的教育重视环境的作用，甚至将环境看作教育体系的轴心。显而易见，与其他任何教育方式相比，我们的这一套办法，更系统、更深层地把握了儿童对环境的感知。然而，声称儿童心理消极被动的传统观念与事实之间存在着微妙的差异，这种差异就是儿童内在的敏感性。幼儿要经历一个相当漫长的敏感期，一直到五岁左右。在此期间，他拥有惊人的力量，可以从环境中攫取各种意象。因此我们说，儿童扮演着观察者的角色，他并非像镜子一般将堆积于眼前的东西一一反射，而是凭感觉主动地接收外界的信号。儿童遵循一种内心的冲动，一种感觉，一种特殊的品味，挑选符合心意的映象。美国心理学家威廉·詹姆斯阐述过这一观点。他认为没有人能够看到事物的全貌，每个人只根据自己的感觉和兴趣窥探到其中的一部分。因此，不同的人对同一事物的描述千差万别。他以一个风趣的例子解释道："假如你们穿了心爱的新衣裳出门，那么走在路上的时候也会特别关注那些衣着优雅的人，这个时候你们可要当心四周，切勿一时失神，命丧车轮之下。"

这时人们不禁要问，幼儿在大千世界中挑选符合心意的意象时，经过了怎样的考量？显然，幼儿不经世事，不会像詹姆斯所说的那样，做出先入为主的判断。他们一无所知，单凭一己之力向前进发。理性是处于敏感期的儿童心理活动的轴心，这也是我们讨论的主题。理性作为天赐的、创造性的力量，生根发芽，渐渐生长，从外部环境中汲取的意象就是它的养料。

理性是无法抗拒的原始力量。儿童接收的各种原始映象会被大脑迅速整理，为演绎推理做足准备。儿童如饥似渴地探索着世界，正如人们所知，儿童非常容易被光线、色彩和声音所吸引，并且表现出显而易见的快乐。但是，我们想要揭开表面下的真相，那就是，尽管儿童的理性尚处于萌芽阶段，却是一切行为的原始推动力。我们已经强调了无数遍，在此阶段，应该给予儿童足够的尊重和帮助。起初，儿童一无所有，他们摸索再摸索，开掘出人类文明的源泉，即理性。甚至在他的小脚丫还不能支撑身体平稳行走的时候，他就已经沿着智慧的大道一往无前。

我相信，令人难忘的实例比唇枪舌剑更加具有说服力。故事的主角是一个四周大的婴儿，他从出生起还从未出过家门。某天，保姆把他抱到父亲和同住的叔父面前。这两个男人年龄相仿，体型相似。婴儿一开始感到非常惊讶，甚至有几分惊恐。他的父亲和叔父懂一些心理学知识，因此想办法让婴儿平静下来。他们仍然站在婴儿面前，但一个在左边，一个在右边。婴儿转头去看其中的一个人，目光中带着显而易见的焦虑，过了一会儿他脸上才有了笑意。

但当婴儿转头凝望着另一个男人，他的眼神又恢复了不安和惊恐，再等一段时间，他又会露出笑容。

就这样，他晃动着小脑袋左瞧瞧右看看，一会儿忧虑，一会儿宽心，直到他终于意识到眼前的两人身份不同。这两人是婴儿见过的仅有的两个男性，两个人常常陪他玩耍，将他抱在怀里，用亲昵的话语逗他开心。婴儿意识到，这两个男人和母亲、保姆等家中的一群女性角色不同。但这两个男人从未同时出现在他面前，在他的观念中，应该只有一个男人。婴儿好不容易从混乱之中辨认出一个男人，但这一个男人突然变成了两个，这让婴儿感到手足无措。

他第一次发现自己犯下了错误。尽管出生只有四个星期，精神仍挣扎在"实体化"的过程中，他已经察觉到人类的智力有不能及之处。

如果不是这两个男人意识到儿童自出生时便拥有心理活动，他们就不能陪伴孩子跨越成长中的坎坷，帮助孩子培养和建立意识。

现在，我想再举几个年龄更大一点的孩子的例子。一个七个月大的小女孩坐在地毯上玩靠垫，靠垫上面印着花朵和孩童的图案。小女孩兴高采烈地嗅闻花朵的香气，亲吻儿童的脸庞。照管她的女佣没受过什么教育，看到此情此景，认为女孩喜欢嗅闻和亲吻一切东西。于是她急匆匆地抱来各种各样的东西拿给孩子，说："闻这个吧！亲那个吧！"女孩原本正以愉快而平静的方式在内心固化事物的形象，而女佣的行为使她感到迷惑。她暗中构筑的内在秩序被无知的成年人瓦解，就如同海浪冲毁了沙滩上堆好的沙堡或者画好的图案。

当成年人鲁莽地打搅儿童的思维，企图分散儿童的注意力时，其实是在阻碍甚至阻止儿童正在进行的心理活动。成年人拉起孩子的小手，亲吻他们的脸颊，逗弄他们开心，哄他们睡觉，从不考虑这些行为是否会给孩子正在发育的心灵带来伤害。孩子的原始意志可能会因为成年人的无知而被抹杀。

儿童必须将脑海中的种种映象清晰划分，因为只有这样，智慧的宫殿才会拔地而起。

一位儿童营养专家曾做过一项有趣的实验，他的研究方向是一岁前婴儿的人工喂养，他所开设的诊所在当时享有极高的声望。实验得出的结论是：婴儿的食谱除了要考虑到营养之外，还包含许多个人因素。至少在一定的年龄之前，母乳是婴儿的最佳食物，没有任何东西能够代替母乳。因为人工产品的受用群体有限，甲之蜜糖，乙之砒霜，不一定适用于所有孩子。他的诊所无论是在临床效果还是业界风评中都堪称楷模，在他的诊所中接受人工喂养的六个月以下的孩子都健健康康、茁壮成长，而六个月以上的孩子得到的结果却不甚理想。这确实匪夷所思，因为对六个月以上的孩子进行人工喂养要简单得多。一些不能用母乳喂养孩子的贫穷母亲赶来求助，诊所还为她们设立了专门的科室，指导她们进行人工喂养。这些贫困的孩子并没有像诊所中的其他孩子一样，在六个月之后表现出失调的症状。经过反复观察，教授认为，这种现象背后存在着儿童的心理因素，明白了这一点之后，他确信无疑，六个月以上的孩子在诊所中因为"缺乏精神慰藉"而备受折磨。于是，教授不仅仅带着孩子们在诊所的地上散步，还为他们提供各种娱乐活动，带他们去新奇的地方玩耍，很快，这些孩子都恢复了健康。

　　大量的实验表明，在一岁之前，儿童已经对周围的环境具备了清晰的印象，甚至能从图片中辨别分明。除此之外，我们还可以肯定，一旦儿童获得了对于外界的稳定印象，便不再对此抱有强烈兴趣。

　　从两岁开始，儿童不会再被惹眼的物品和鲜亮的颜色所吸引，他当时表现出的喜悦是敏感期的特征之一。此时的儿童着迷于一些细微之物，一些从我们眼皮底下溜走的事物。换句话说，儿童似乎对不显眼的东西或者处于意识边缘的东西产生了兴趣。

我在一个十五个月大的女孩身上第一次发现了这种敏感性。听，她爽朗的笑声从花园中传来，这样的开怀大笑很难让人联想到一个稚嫩的幼童。女孩独自坐在砖石堆砌的小路上，身旁的一排天竺葵在金灿灿的阳光下显得分外夺目。但女孩看都不看，自顾自地盯着地面，可地上什么也没有。孩子的心思让人捉摸不透。我悄悄走近，想要一探究竟，却什么也没有看到。在我的询问下，小女孩郑重其事地解释道："那儿有一只小东西在动呐！"循着她指点的方向，我看到了一只和砖石同色的、小得几乎看不见的虫子正飞快地跑走。原来是这样的一个小东西牵动着女孩的心思，它会动，甚至还会跑呢！意外的发现让她满心欢喜，这种快乐，既不能在孩子堆中找到，也并非艳阳娇花所能给予。

还有一次，一个岁数相仿的小男孩也以同样的做法给我留下了深刻的印象。孩子的母亲为他收集了一大堆鲜艳的明信片，小男孩似乎对明信片很感兴趣，他捧着一大包漂亮的明信片给我看，奶声奶气地说着"叭——叭——"，他是在用自己的方式告诉我明信片上有汽车。

孩子的母亲收集这些明信片既是为了讨他高兴，也是为了教他识人认物。

明信片上有长颈鹿、狮子、狗熊、猴子、蜜蜂等野生动物，也有绵羊、小猫、驴、马、乳牛等家畜，还有人间烟火和桃源美景。让我感到好奇的是，没有任何一幅画上有汽车的影子，于是我对孩子说："我没有看到汽车呀。"小男孩在明信片里翻找，最后挑出一张，得意洋洋地推到我眼前，说："在这儿呢！"这张明信片画的是狩猎场景，画面中央有一只凶猛的猎犬，远处的猎人肩扛猎枪。放眼望去，更远的地方有一座小小的房子和一条蜿蜒的曲线，这条线想必暗示着公路，线上有一个小黑点。孩子手指着小黑点对我说："汽车！"实际上，这个黑点小之又小，几乎无法分辨，但孩子将它解读为"汽车"。也正是因为这个小黑点不易察觉，所以才引起了孩子的兴趣，让孩子觉得有必要将它展示出来。

我想，也许孩子还未注意到那些鲜亮的图案，于是我挑了一张长颈鹿的明信片，给他看长颈鹿长长的脖子和漂亮的鹿头："你看，好奇怪呀，它的脖子这么长……""哦，"小女孩百无聊赖地答道，"这不就是长颈鹿嘛。"我顿时失去了再讲下去的勇气。

可以说，在婴儿出生后的第二年，他们的智力就已经开启，在不断的摸索中，他将对周身的事物获得愈渐全面的认识。

我再根据亲身经历讲几个例子。有一回，我给一个大约二十个月大的小男孩拿了一本大人看的书，这本书内页精美，书中的插画由古斯塔夫·多雷绘制，多雷复制了许多古典名画中的人物，比如拉斐尔的画作里的人物。我挑了一幅画像，向小家伙解释道："你看，他把一个小孩抱在怀中，其他的孩子把头靠在他身上，孩子们抬头望着他，他是多么爱他们呀……"

孩子的脸上没有显示出一丁点的兴趣，而我为了挽回一点面子，只好翻动书页找其他图片给他看。突然，小男孩对我说："他在睡觉。"我被他突如其来的发言吓了一跳，于是问道：

"谁在睡觉？"

"他，"小男孩一本正经地答道，"他在睡觉。"他示意我把书往前翻，并指给我看。

小男孩所指的画中人在高处俯视着孩子们，他眼睑低垂，看上去就像睡着了一般。没有成年人会注意到这一细节，但孩子却被它深深吸引。

我继续给小男孩讲解他的画像："你看，他飞起来了，人们都吓坏了，看这个小孩惊恐的眼神，再看这个女人僵直的双臂……"我心里明白，这个年龄的小朋友大概听不懂我的解释，我选的图画也不是很恰当，但我十分好奇他会给出怎样惊天动地的回答。我想看看，面对这样一幅晦涩难懂的画，成年人和孩子的反应究竟有何不同。但小家伙丝毫不感兴趣，只是敷衍地嘟哝了几声，仿佛在说："哎，快点翻页呀！"正当我准备翻页时，他戳了戳挂在脖子上的兔子吊坠，兴奋地说道："兔子！"我心想他一准是被吊坠吸引了注意力，但莫名地，小男孩立刻叫我把书往前翻。原来在这幅画的边角的确有一只小兔子。有谁会注意到这样一只兔子的存在呢？显然，成年人的心灵视角与儿童的大相径庭，一个人心灵发展的过程，并不是由小到大逐渐积累的过程。

幼儿园或是学前班的老师，总是给三四岁的孩子展示一些普普通通的东西，仿佛他们刚刚降生于世，什么也没见过似的。这就好比误以为人家是聋子，于是冲着他大声嚷嚷，结果此人非但不聋，还听得明明白白，他气愤地抗议道："我可一点儿都不聋！"

成年人以为儿童只会对那些靓丽惹眼的物件、鲜艳明亮的色彩和震耳欲聋的声音感兴趣，于是他们就制造强烈的刺激感来吸引儿童的注意力。不可否认，孩子会对唱歌的人、敲响的钟、飘扬的旗帜、炽烈的光线感兴趣。但这种强烈的吸引只是外在的、暂时的，它强行切入、刺激感官，让人不得不分神应付。我们还是可以作一个比较：如果我们正忙着读一本有趣的书，窗外忽然飘来喧闹的音乐声，那么我们多半会起身跑到窗前一探究竟。看到专心致志读书的人被音乐声吸引，我们觉得理所当然，并不会认定他容易受到强声的刺激。这个例子虽然不那么确切，但也能说明问题，同样的思路也适用于儿童。强烈的外部刺激吸引儿童的注意力只是一种暂时的现象，与决定儿童成长发育的精神领域没有太大的关系。儿童往往会注意到我们察觉不到的细枝末节，这证明了儿童心理活动的存在。儿童在看到细小的东西时总显得兴奋而专注，这些东西对他而言不再是感官印象，而是情感与智慧的表现。

　　儿童的心理对成人而言是一个难解之谜。因为我们只能根据儿童的外在表现而非他们的所思所想去臆测他们的感受。儿童的一切行为背后都有可解的原因。没有某个原因，没有某种动机，他就不会做出这件事情。武断地将儿童难以捉摸的行为推说成"兴之所至"是不可取的行为。这种"兴之所至"应当是摆在我们眼前亟待解决的重大问题。当然了，破解这个问题的过程是艰难的，但他同样趣味横生。为此，成人应当放低姿态，展现出成年人应有的气度，让自己成为一个研究者，而不是一意孤行的审判者或是专横无道的暴君。

　　我回忆起曾经和几位女士在沙龙聚会中的谈话。女主人十八个月大的儿子安静地待在一旁玩耍，当我们谈到儿童书籍，这位年轻的母亲讲道："有一些书乏味无趣，插图古怪得很。我有一本书叫作《桑博》，桑博是一个黑人小孩，他的父母总在生日那天送给他各种各样的礼物：帽子、鞋子、袜子和五颜六色的衣服。在父母为他准备生日大餐的时候，桑博迫不及待地想炫耀一下新衣裳，于是他偷偷地从家里溜了出去，没被人发现。可是桑博在路上遇到了一群猛兽，为了安抚它们，桑博只好把衣帽脱下来相赠，他把帽子给了长颈鹿，把鞋子给了老虎……最后只能光着身子，噙着眼泪灰溜溜地返回家中。幸好故事以大团圆结局。桑博的父母原谅了他，一家人幸福地享受着美味盛宴。书上的最后一页是这么画的。"

当女主人把这本书递给其他人看时，她的儿子突然大声喊道："不，Lola！"在座的所有人都愣住了，没有人知道这个孩子想表达的是什么。小家伙还在重复着他难解的暗号："不，Lola！"

男孩的母亲说道："萝拉（Lola）是一个保姆，曾经照看过他一段时间。"但男孩仍在哭叫着"Lola"，而且哭得越来越大声，仿佛陷入了手足无措的状态。最后我们把《桑博》这本书推到他面前，他略过了正文，指着书的封底，画上的小黑人桑博泪眼汪汪。我们终于明白了，他口中的"Lola"指的是西班牙语的"llora"，意思是"哭泣"。

他说的有道理，因为故事并不是以那一场欢乐的大餐结尾，最后的画面是封底上哭泣的桑博。然而没有人注意到这一场景。小男孩的所作所为是在抗议和矫正他母亲所说的"故事愉快地落下帷幕"。

显然，对于小男孩来说这个故事以桑博的泪水告终，与母亲相比，他的观察更加细致，他检视了全篇，甚至没有放过最后一个情景。但最令人惊讶的是，虽然他理解不了大人们复杂的谈话，但却展示出了精确的观察力。

因此我们可以确定地说，儿童的心理世界与我们迥异，这不是量变的问题。

儿童总能够捕捉到生活中的点滴细节，而成年人走马观花、粗枝大叶。因为我们有总结提炼的本领，而这种本领是儿童不具备的，儿童对我们的所作所为不屑一顾，他们认为成年人无能无知，盲目愚蠢。在他们的眼里，我们迟钝、麻木，看不到任何有趣的事物，也缺乏细致观察的能力。如果儿童能够表达内心的想法，他们肯定会告诉我们，他们根本不信任我们，就像我们也不信任他们一样，因为彼此的思维方式天差地别。

这就是为什么儿童和成人之间总是无法相互理解的原因。

10　成长之路上的斗争

睡眠

当儿童成长到可以独立行动的时候，他们便与成人宣告开战。当然，没有人能完全阻止儿童去听去看，妨碍他感受和构筑自己的世界。但当儿童可以独立活动、自由行走、随心所欲地触碰物品的时候，情况就完全变了样。

尽管深爱着孩子，成年人的内心深处仍然会产生一种戒备本能。这两种心态，即儿童和成年人的心态，存在着极大的分歧，如果不做出适当的调整，两者几乎不可能和谐共处。我们不难看出，在调整的过程中，儿童处于绝对的弱势，在成年人主宰的环境下，儿童坏了规矩的行为将被狠狠制裁。而成年人意识不到自己面对儿童时的自我保护心态，而是冠之以爱与奉献的名号。这种无意识的自我防御的心态无论怎样掩饰，还是会露出马脚，成年人一味地呵护着对自己来说有益而珍贵的东西，他们打着"帮助儿童培养良好习惯"的幌子，掩盖自己的贪婪。他们害怕安稳平静的生活被打搅，于是托词道："为了保证孩子的安全，应该让他们多多休息。"

一个缺乏教养的劳动妇女为了免受孩子打扰，可能会冲着孩子一顿臭骂，甚至拳脚相加，把孩子赶出家门。怒气消散后，她又会亲昵地搂过孩子，热情地亲吻他，以证明自己对孩子的温柔爱意。

上流社会的母亲们表现得稍好一些。形式主义决定了她们固有的精神态度，爱、牺牲、责任都被视作应尽的义务，她们能够很好地控制自己的行为。不过，这些社会地位高贵的母亲更乐于摆脱孩子的纠缠，她们把孩子交给保姆照看，让保姆带孩子出去玩耍或者哄孩子睡觉。

在对待保姆的时候，这些母亲和蔼而有耐心，甚至有几分谦恭。这种态度是一种心照不宣的默契，保姆知道只要让烦人的孩子离得远一点，女主人就会宽恕和容忍一切。

当孩子好不容易迈出囚笼，为自己能够自由行动而欣喜若狂之时，他就会遇到一群强大的"巨人"挡在世界的入口。儿童的戏剧化境遇好比带领希伯来奴隶走出埃及的摩西，他们历经千辛万苦走出了沙漠，却没想到迎接他们的绿洲不是和平的栖身之所，而是新一轮的战场。抵抗亚摩利人的战争给他们留下了沉痛回忆，希伯来人从此惧怕作战。他们重回沙漠，漂泊流浪四十载，许多人力竭而死。

保护自己的固有财产不受侵犯是人类的本性。这种残忍的本能藏在潜意识深处，在某类人群身上体现得更为明显。当成年人为了捍卫自己的平静生活不被下一代打扰时，这种本能就会释放出来。但入侵者不会轻易地缴械投降，因为小家伙们为了闯出自己的天地，会和大人斗智斗勇。

这场隐藏在潜意识中的战争，在父母的宠爱和儿童的天真无邪之间来回拉扯。

成人可以很随意地说："孩子不能乱跑，不能乱碰东西，不能乱喊乱叫。"他们应该安安静静地躺着、吃饭、睡觉，或者干脆走出家门，跟亲人之外的陌生人待在一起。成年人因为自己的惰性总是选择最简单的方法——把孩子哄睡。

有谁会否认孩子需要睡眠呢？

但孩子活泼好动、乐于观察，睡觉不是他们的天性。儿童只需要正常的睡眠，我们应当谨慎地对待这一需求，区分孩子的正常睡眠和大人强加给他的睡眠。大人作为强势方暗示儿童该上床睡觉，而儿童作为弱势方就会听话地乖乖入眠。成年人在潜意识之中用心理暗示的方法哄孩子睡觉。

无论是贫穷无知的母亲，还是教养良好的母亲，甚至是专业的保姆，都不约而同地将这些活泼的小家伙哄到床上。不仅是那些几个月大的婴儿，两岁、三岁、四岁的孩子也会被强迫接受超过他们正常需求的睡眠。不过贫民的孩子们并非如此，这些孩子满街乱跑，不去烦他们的母亲，因此逃过一劫。与富家子弟相比，穷苦儿童生活得更加自然和放松。尽管保健学一再强调儿童需要充分的睡眠时间，但我们不能用僵硬的准绳束缚孩子多彩的童年。我记得，有一个七岁的孩子曾向我吐露心声："我很想在夜里爬上山顶，躺在地上，仰望星空。"

许多家长炫耀自己的孩子有早睡的习惯，这样他们就可以在夜晚随心活动了。

安置孩子的小床，不同于柔软漂亮的摇篮，也不像大人的床铺一样宽大舒服，可以舒展身体。孩子的小床就像高高的铁笼，大人将孩子放在坚实的"窝"里，这些"窝"半吊在空中，让大人不必弯腰就可以一把搂过孩子，即使婴儿打滚哭闹，也不用为安全担心。

婴儿四周被黑暗笼罩，新一天的早晨的第一缕阳光永远不能来到他身边，将他唤醒。

帮助儿童塑造健康的心理，第一步就是要改造他们的小床，戒掉无用的长时间睡眠。儿童有权利按照自己的意愿睡眠，困倦的时候就睡去，睡够了就可以醒来。因此我们建议，也有许多家庭已经照办，换掉传统的儿童床，换上低矮的小窝，让孩子可以自在地躺下和起身。

像所有帮助儿童矫正心理的方法一样，儿童床的改造经济实惠，效果明显。儿童需要的就是简单的东西，那些复杂的东西会阻碍他们的成长。目前，很多家庭都更换了儿童床，家长们在地上放一个小床垫，铺上宽大的毯子。晚上，孩子们自己爬上床，早晨，他们再自己醒来。这些事例说明成年人在照顾孩子的时候确有失误，我们竭力想为孩子创造最好的条件，结果却事与愿违，在潜意识之中，成年人受到自我保护本能的驱使，但这种自私的本性可以轻易克服。

这一切表明，成年人应当尽力追随儿童的想法，理解儿童的需求，为他们提供适宜的成长环境。唯有如此，儿童的"悲惨时代"才能终结，他们不再被视作成年人的私有物，不再被呼来喝去、唯命是从；唯有如此，教育界的新纪元才能开启，儿童才能自由而健康地成长。成年人应该尊重儿童在自我发展中的主体地位，同时摆正自己的位置，退居幕后。这是母亲和围绕在儿童身边的所有教育工作者努力的目标。如果说儿童的个性是脆弱的，那么成年人在提供帮助时，应当顺从儿童的需求，给予温和的引导，以理解和宽容孩子为荣。

11 行走

回应儿童的需求，急儿童之所急，抛却自身的欲念，这才是成年人应有的作为。

高等动物会本能地调整自己的节奏去适应幼崽的需要。当母象带领小象进入象群时，庞大的象群会放慢脚步，确保小象不会掉队。当小象走累了停下来休息时，整个象群都会驻足。

在许多国家的文化中，对儿童的特殊关照被视作理所当然。有一天，我观察到一位日本父亲带着大约一岁半或两岁的小朋友散步。孩子突然抱住父亲的腿，于是父亲停在原地，让孩子绕着他的腿玩耍，当孩子玩累了，他们再接着慢慢散步。过了一会儿，小孩又停下来坐在路边，他的父亲也停下来陪在他身旁。这位父亲的表情认真而自然，他没有任何超乎寻常的动作，只是简简单单地带着孩子散步而已。

在身体四肢尚不协调的时期，这种行走练习对孩子来说至关重要，它可以培养孩子的平衡感。只有人类能够用两条腿直立行走，但这并非易事。

尽管人类和其他哺乳动物一样拥有四肢，但人类不是用四肢，而是用双腿行进。猴子的前肢较长，以便在行走的时候借助前肢支撑地面。只有人类完全依靠下肢保持身体平衡，直立行走。哺乳动物在爬行时，会抬起一只前爪和另一侧的后爪，这样就有两个支撑点可以保持身体的平衡。而人类在走路时，重心只能在两只脚上轮换。大自然向动物们提供了两种行进方式：一种是依靠本能四肢着地，另一种是通过主观努力学会直立行走。

儿童的直立行走能力并非与生俱来，而是需要后天的勤奋练习。伴随着父母的欢欣和赞美，孩子迈出了人生的第一步，这一步非比寻常，它代表着对自然的征服，也代表着孩子从一岁向两岁的过渡。从此，他不再是一个瘫软无力的小肉球，而是成为了有自主行为能力的人。生理学上认为，直立行走是人类成长的起点，但儿童需要训练才能掌握这项技能。只有经过不懈的努力和漫长的练习，儿童才能掌握行走的平衡感和稳定性。众所周知，蹒跚学步的儿童怀有一腔难以抑制的冲动和勇气，他们冒失轻率，步履不停，就像坚韧的士兵，一心取胜，无畏千难万险。因此成年人总要采取一些防范措施，把他们限制在安全地带，但这恰恰给孩子造成了阻碍。尽管孩子的双腿已经足够强健，但他们还是囿于四四方方的儿童车内，在很长一段时间里，被父母推着上街散步。

这是因为跟大人比起来，孩子的步幅小，且没有足够的体力坚持远距离行走，而成年人不愿意放慢自己的步调。即使是经过专门训练照顾孩子的保姆，也需要孩子适应她们的节奏，而不是她们去适应孩子的节奏。保姆自顾自地推着儿童车漫步至某个既定地点，就像推着一箩筐蔬果去市场上售卖。只有在到达目的地（我们推测这是一个美丽的花园）之后，保姆才会歇口气坐下，把孩子从儿童车里抱出来，把他留在身旁，监督着他在草坪上学步。这样做的目的是避免儿童脆弱的身体遭受外界伤害，但儿童的真正需求却被忽视，他们的成长之路反而变得崎岖艰难。

一岁半到两岁的儿童可以走几千米，甚至爬过陡峭的斜坡和楼梯。只不过儿童行走的目的和成人截然不同。成人是为了抵达目的地而行走，他们规律地迈着步子，机械地、径直地冲向目标；而儿童是为了行走而行走，在行走的过程中，他们完善身体机能，发掘内在的创造性，他们的步履缓慢，没有节奏，亦无目标。但周围的事物吸引和推动着儿童一路前行。成年人在给予儿童帮助的时候，应该放弃自己的节奏和目标。

我在那不勒斯结识了一对年轻的夫妇，他们的小儿子有一岁半大。夏天到了，为了去海边一家人要沿着陡峭的山路走一千五百多米，马车和儿童车都无法通行。年轻的父母非常希望带上孩子，不过抱着孩子走路实在是太累了。幸好，孩子能够自己走过这段漫长的旅途。他时不时地流连于花草间，或是坐在草坪上看动物，有一次他盯着一头正在吃草的驴看了足足一刻钟。就这样，这个孩子每天不知疲倦地沿着崎岖的山路爬上爬下。

在西班牙，我认识了两个两三岁大的孩子，他们时常要花上一个多小时，在陡峭而狭窄的阶梯上走两公里的路。

说起来，我还遇见过一些母亲指责孩子的"任性"。

有一回，一位母亲来向我咨询，她说自己刚刚学会走路没几天的孩子十分任性，一看到楼梯便大喊大叫，她抱起孩子下楼梯的时候，小姑娘就会发脾气。

这位母亲生怕自己看走了眼，因为在她看来，小姑娘对着楼梯哭号的举动不合常理，她认为这一切纯属巧合。但显而易见，小姑娘希望"自己"爬楼梯。她可以倚靠着扶手和台阶缓缓攀爬，这比坐在草坪上有意思多了，在草坪上，她的双脚被高高的野草遮住，双手也找不到任何支撑点。然而，当她离开大人的怀抱，或是儿童车的禁锢，草地是她为数不多的活动领域。

我们不难看出，儿童喜欢四处跑跳，活动身子。露天的阶梯上挤满了小孩，他们上蹿下跳，或坐或立，还有人顺着斜坡滑下来。穷人家的孩子天不怕地不怕，他们能轻巧地躲开障碍物和危险，在街头飞驰狂奔，甚至攀附在正在行驶的汽车上面；而富人家的孩子们相差甚远，他们懒懒散散，畏手畏脚，全然没有那种上天入地的潜力。但无论是穷人家的孩子还是富人家的孩子，在成长的过程中都没有得到恰当的照顾，前者被丢弃在陌生而充满危险的成人世界，而后者则矫枉过正，家长们为了使孩子远离危险而把他们禁锢于小小的囚笼当中。

儿童，是人之基本、人之延续，但他们如同弥赛亚一般，正应了预言家的话："他无处容身。"

12 手

有趣的是，生理学上认为儿童正常发育的三个标志有两个跟运动有关，分别是行走和说话。科学界认为这两项能力就像占星图，能解读一个人的未来。事实上，这两项复杂的活动表明人类（抑或儿童）在运动和表达能力上已经战胜了自我。如今，语言作为思维的载体，被看作人类的独有特征；而行走没有得到同样的重视，因为它是所有动物的共有特征。

动物，之所以区别于瓜果蔬卉，是因为它们能"在环境中自如移动"，这种移动依靠特殊器官完成，也就是"四肢"，因此行走是动物的基本特征。然而对人类而言，尽管"在空间中自由行动"的能力让他成为了这片土地的侵略者，但"行走"这一运动特征并不能将他同智慧生物画等号。

真正与心智密切相关的"行为特征"是语言和双手的动作，依靠伶俐的口齿和灵巧的双手，我们才能将所思所想付诸现实。或光滑或碎裂的石头是人类最初的工具，它们证明了史前时代人的存在。人类对工具的运用标志着地球生物史翻开了崭新的篇章。彼时的言语早已随风而逝，但人类用双手将文字刻在了石板上，让文字成为无声的记载。此外，解放双手是直立行走和改变体态的前提。人类的上肢不再是为了简单的"挪动身体"，而变成了表达思想情绪的器官。因此，在生物进化的过程中，人类居于崭新的位置，他们展现出了思想与行为的高度契合。

人类的双手是如此的精巧而复杂，它不仅能够表达人的思想，还能使人与周遭的环境建立特殊联系。可以说，"人类用双手征服了自然环境"，又在智慧的引导下用双手改造了自然环境，人类在无垠的天地间完成了自己的宏图大志。

如果我们要判断儿童的心理发育程度，最合理的做法是观察其心智的最初行为表现，即语言表达与劳动中双手的使用。

人类顺从潜意识中的本能，将言谈和手势视为智慧的外在表现以及智人的独有特征，但与此相关的象征符号仅仅出现于成年人的社会生活中。比如，当一对男女结婚时，他们会携手盟誓，互许终身，期求对方给出白头偕老的诺言，伸出欲戴戒指的左手。宣誓的人，说着固定的说词，做着固定的手势。在一些强烈表现自我的宗教仪式中，手的动作亦不容小觑。

在人类的潜意识之中，手被当作内心的展现。还有什么是比在儿童身上看到这种"人类的基本活动"更神圣、更美妙的事情呢？还有什么其他表现更应该得到人们的热切关注呢？

当孩子第一次伸出小手触碰物品，这个动作代表着他对探索世界的努力，成年人应该感到满心的自豪。但事实并非如此，家长认为孩子伸手去摸的都是身边无关紧要的东西，于是千方百计地阻挠孩子的动作。大人们不耐烦地唠叨："不要碰！"就像他们不停地教训孩子"不要动！""不要讲话！"

时一样。

潜意识深处的焦躁不安使得成年人构建起一条防线，并且希望得到他人的支持，仿佛他正在与破坏自己安宁生活的恶势力暗暗较劲。

儿童观察和倾听周遭的一举一动，是为了从环境中获取心理发展的必要因素。

当儿童四处走动，用双手感受世界时，他需要触碰外物，也就是说，他需要外物为他提供活动的动机。但家庭环境没有考虑到孩子的需要，孩子周围的物品都是成人的私有物，对孩子来说这些东西都是"禁品"，他们不能擅自动用。这一道禁令捆绑住了成长期的幼儿，当他们抓起一件东西，就像饥饿的小狗捡到了一根骨头，小狗把骨头叼到角落里啃，竭力舔舐每一寸并不充足的养分，生怕有人驱赶抢夺。

儿童的行动并非随性而起，而是在内心的驱使下建立协调与平衡，从而有条不紊地进行活动。"自我"充当着组织者和协调者的角色，它以接连而来的生活经历为基础，指挥正在发育的心理世界和身体器官合二为一。因此，儿童的行为应当是按照自己的意志，自由选择的结果。成长中的儿童具备一些运动特征，这些特征无关冲动与鲁莽。儿童并非是漫无目的地跑跳玩耍、乱拿乱放，折腾得满屋狼藉，他的一举一动都是在模仿自己的所见所闻。他们模仿成人的动作，试图像成人一样去操作或者使用物品，因此我们说，家庭环境和社会环境时刻影响着儿童的行为。儿童会学着像大人一样清扫地板、洗刷餐具、洗衣倒水、整理仪容等等。这些行为被称作"模仿"，普遍解释是儿童会照做他看到的动作。但这种解释并不确切，因为儿童的模仿行为有别于猴子应激的模仿行为。儿童的行为建立在意识之上，有可寻的心路历程。儿童的心理活动主宰着行为，并先于行为存在，因此儿童在行动之前，早已知道了要去做什么，他对自己将要完成的事情有充分的认识。儿童学习语言就是如此。他所学的语言都来自周围人的言谈，当别人说了某个单词，他也会跟着说出来，因为他学习的东西都是他听来的，然后他就会把听到的东西记在脑海中，在需要的时候再把这个词讲出来。

儿童学习语言并不是鹦鹉学舌，不是简单的即时重复，而是一个通过日积月累的观察获取知识的过程。儿童对语言的使用和学习是两个分开的阶段。这一点非常重要，因为它清楚地表明了儿童和成年人之间的关系，让我们更深入地理解儿童的行为。

基本活动

在儿童能够按照成年人的逻辑思维行事之前，他们会依循自己的目的而行动。成年人往往对他们使用物品的方式感到费解。这种情况经常发生在一岁半到三岁左右的孩子身上。有一次，我看到一个一岁半的孩子发现家里有一叠熨烫整齐的餐布。于是他拿起一块折好的餐布，小心翼翼地放在一只手中，又用另一只手压着餐布以防它散开。他走到房间最远处的角落里，把餐布放在地上，然后说："一个。"然后他又折返回来，以同样的方式拿起另一块餐布，沿着同样的路线走到角落，我注意到他的方向感受到了一种特殊的敏感性的引导。他把第二块餐布盖到了第一块上面，重复道："一个。"他就这样在房间里来来回回，直到把所有的餐布都拿到这个角落为止。然后，他又将餐布一块一块地归回原位。虽然这叠餐布不如侍女刚放下时那般完好，但依旧折叠整齐，即使有些歪斜，但还不至于塌下来。小男孩是幸运的，在将餐布搬来搬去的过程中，他的家人都没有出现。要知道，有多少次我们听见大人在小孩背后喊道："快停下，别乱动那些东西！"又有多少次，好奇宝宝想到父母的训诫，无可奈何地将小手缩了回去。

另一个让儿童着迷的基本活动是拔瓶塞，然后再塞回去。尤其是那些如水晶一般映射着七彩光芒的玻璃瓶。取下瓶塞、再塞上瓶塞似乎成为了孩子们最喜欢的工作之一；另外，小孩子还喜欢打开又盖上墨水瓶或者大盒子的盖子，或者打开碗柜的门然后再关上。由此可以理解为什么成人和儿童之间总是为了某些物品起争执，因为这些东西不是妈妈的私有物，就是放在爸爸的写字台上，或者是客厅里家具的一部分，孩子总是不自觉地想伸出小手摸一摸，却会遭到家长的痛斥。于是孩子的反应就被归为"任性"，但他们并不是真的想要玻璃瓶或者墨水瓶，只是需要这些东西锻炼双手。

以上这些行为，包括与之相似的行为都是"基本活动"，这些活动没有逻辑目的，可以被看作人类探索世界的初次尝试。同时，我们为幼童开发了许多刺激触觉的玩具，比如叠叠乐，这种玩具获得了广泛的成功。

成年人在思想上赞成让孩子自由地活动，但实际上却为孩子设置了重重障碍，这种矛盾的根源就在于成年人根深蒂固的思想意识。即使成年人有意放任孩子自由行动，允许孩子触摸和移动各种物品，但他内心仍能感受到一股模糊的冲动，这种冲动让他不由自主地去支配儿童的行动。

有一位来自纽约的年轻母亲非常赞同儿童应当自由活动的观点，她想在自己两岁半的儿子身上践行这种思想。一天，她看到儿子无缘无故地把一个满满的水罐从卧室搬到客厅。

她看着跟跟跄跄的孩子，心里默默念道："小心啊！小心啊！"但水罐太重了，这位母亲忍不住去帮孩子一把，她把水罐从孩子手里夺过来，放在孩子想放的位置上。但孩子却快快不乐、泫然欲涕，看到儿子难过，母亲也非常痛苦，但她辩解道，尽管知道要给孩子足够的行动自由，但看到孩子受苦受累，花费大把时间做一件自己可以很快完成的小事，她不可能无动于衷。

"我知道我做错了"，这位女士向我咨询时对我说。然而我认识到了问题的另一面，即人们对私有物品的保护欲，或者也可以成为"对儿童的吝啬"。于是我对她说："您家里有什么考究的瓷器吗？价值不菲的小杯子之类的？您不妨让孩子拿一个轻巧的东西，看看会发生什么。"这位女士听从了我的建议。后来她告诉我，她的儿子小心翼翼地捧着瓷杯，一步一停地将它送达终点。这位母亲的心中激荡着两种感情：一是为孩子的举动感到欣慰，二是担心杯子会摔坏。但她最终说服了自己，让孩子去做他喜爱的事情，对他的心理健康有帮助的事情。

还有一次，我把一块抹布递到了一个一岁零两个月大的小女孩的手中。小女孩高高兴兴地接下了这份工作，她坐了下来，把许多小物什擦得锃光瓦亮。但她的母亲不太愉快，她认为让小女孩做这些不相干的事情没有任何好处。

　　儿童初次展现出的行动本能，会让对他们不甚了解的成年人大吃一惊。成年人意识到，他们必须做出巨大的退让——克制自己的个性，奉献自己的环境，这与成人世界的法则是完全相悖的。毫无疑问，儿童是成人世界的入侵者，但如果我们延续直到今天依旧存在的错误做法，将儿童排斥在成人世界之外，那就意味着压抑儿童的成长，就像堵住儿童的嘴一样。

　　这种冲突的解决之道在于为儿童建立一个适合他们的环境，让他们能够尽情地展现自己。当孩子口中蹦出第一个词语时，我们什么也不需要为他做，他咿咿呀呀的声响就是家里最动听的声音。但是，当孩子开始使用双手，试图成为一个劳动者的时候，他们需要有形的物体予以互动。人们会发现，儿童在活动时付出的努力超乎想象。我这里有一张照片，照片上的英国小女孩抱着一块菱形大面包，面包如此之大以至于小女孩无法用双臂搂住，只好用肚子撑起面包。因此，小女孩只能仰着身子往前走，看不到脚下的路。照片上有一只狗紧紧地跟着她，这只狗紧张兮兮的，仿佛要冲上去帮女孩一把。远处还有几个成年人盯着小女孩，一副禁不住要冲她跑来，把面包从她怀中接过来的样子。有时候，在合适的环境里，幼儿展现出的劳动技能和精准动作会让我们感到无比讶异。

13 节奏

如果成年人仍然搞不清楚施展手脚是幼儿的强烈欲求,也意识不到这是儿童劳动本能的初次体现,那么他极有可能对儿童动手能力的发展造成阻碍。这种阻碍的形成不能完全归咎于成年人的自我保护心理,还存在其他的原因。其一是成年人的行动注重表面目的,在心理建设的过程中,他养成了一套自己的行为习惯。他会用最直接的办法,在最短的时间内达成目标,这是他与生俱来的行事法则,我们可以称之为"付出最小化法则"。当成年人看到儿童花大力气做无用功,而这件小事对成年人来说不费吹灰之力而且能做得更好的时候,他会情不自禁地代为包揽,仿佛是要结束一场惹人心烦的滑稽表演。

成年人每每看到儿童为鸡毛蒜皮的小事忙得不可开交,就觉得不可理喻、怒火直冲。如果儿童发现桌子上的桌垫摆歪了,他就会回忆桌垫平时的位置,并且重新把桌垫摆成记忆中的样子,他的动作很慢,但充满了热忱与激情。这让我们明白了,"回忆"是儿童心理发展的重要内容,对处在这一发育阶段的儿童来说,按照记忆将物品各归其位是了不起的壮举。但只有在成年人隔得远远的、完全不在意儿童的动静时,小家伙们才能如愿以偿。

如果儿童学着自己梳头,成年人并不会因为他们勇于尝试而感到欣慰，反而认为儿童慢条斯理的动作违反了"付出最小化原则"。成年人认为，与其让孩子别别扭扭、磨磨蹭蹭地梳头，不如他们亲自代劳、事半功倍。因此，每当孩子饶有趣味地施展手脚，在劳动中发展人格时，成年人便如巨人一般阻隔在前，一把夺过孩子手上的梳子，替他梳洗打扮。当孩子尝试自己穿衣服或者系鞋带的时候，也会遭遇同样的阻碍。儿童的每一次尝试都被无情打断。成年人之所以会感到恼怒，不仅是因为儿童的徒劳无获，更重要的是，儿童的行事风格和节奏与之全然不同。

节奏并不像传统观念那样易于打破，也不像新鲜观念一样易于接受。每个人都有自己的行事节奏，这是个人固有的特征，就像一个人的体形一样难以改变。一种节奏能与另一种相仿的节奏和谐相处，但遇到不同的节奏时，为了彼此适应，就会产生摩擦。

例如，我们与瘫痪病人一同走路时，难免会感到别扭；如果我们看到瘫痪病人缓缓地举起水杯送到嘴边，眼看着水就要洒出来，一定会因为难以忍受这种不协调的画面而立刻起身，用自己的节奏掌控局面，也就是说，帮助瘫痪病人做事。

成年人对待儿童亦是如此。内心的保护欲驱使成年人千方百计地打断儿童慢吞吞的动作，就像不由自主地驱赶那些没什么害处但惹人讨厌的苍蝇一样。

相反，成年人能够接受儿童的轻巧和机敏，他们做好了准备应对那些活泼好动的孩子会引发的无序与混乱。这个时候，成年人表现出了足够的耐心，因为摆在眼前的是外在的、显而易见的东西，因此意志能够支配行动。然而，一旦儿童的行为节奏放缓，成年人便无法袖手旁观，只好上前代劳。这样看来，成年人并没有在孩子迫切需要他们的时候出现，反而是在儿童需要自己动手的时候取而代之，阻止儿童自由地活动，为他们的成长发展制造障碍。"任性"的孩子绝望地挣扎着拒绝别人帮他洗澡，帮他梳头，帮他穿衣服，他们用歇斯底里的哭号向成年人宣战。谁又能想到，成人给予儿童的无用帮助竟然是儿童精神压抑的起源，而成年人带给儿童的压抑在其未来的人生中将会造成更深的伤害。

在日本人的观念中，有一条关于幼儿亡灵的习俗，令我印象深刻。

在幼儿的葬礼上，日本人会在坟前放几颗石子或者类似的东西，使幼子免受冥界魔鬼的纠缠。倘若幼儿的亡魂在冥界筑造房舍时遭遇魔鬼的袭击和破坏，他们还可以用这些小石子重建自己的世界。

投射到死后世界的潜意识保护心理有许多例证，但这是最令人印象深刻的一桩。

14 人格的替换

成年人不只在行为上替儿童做这做那，还将自己的意愿渗透到儿童的心中，取代儿童自己的意愿。于是，儿童失去了自我，变成了成年人的替身。

著名神经学家沙可在他的精神病诊所中通过实验证明，暗示可以使癔症患者实现个性的转变，这一实验结果轰动学界，因为它动摇了人们一直以来坚信不疑的基本概念：人是行为的主人。通过实验，沙可还证明了被暗示者的人格将会被压抑，取而代之的是暗示者的人格。

尽管只有临床案例和数量极其有限的实验能够支撑这些结论，但却为心理研究另辟蹊径。围绕这些现象，我们开始探索双重性格、潜意识和心灵升华，最终通过心理分析深入潜意识领域进行研究。

一个人在一生中的某些时期特别容易受到暗示的影响，尤其是婴儿时期，意识正在形成阶段，对外界元素格外敏感。成年人通过暗示，潜移默化地使自己的意志凌驾于儿童的意志之上。

在学校里，我们注意到如果老师在教学时热情过剩，或者动作上过于夸张，思想上钻牛角尖，那么儿童就会丧失自我评判和决断的能力。孩子会感觉脱离了理应发号施令的"自我"，而被另一个更为强劲的"他我"控制。这个"他我"轻而易举地捕获了——或者说鸠占鹊巢——入侵了儿童幼弱的心灵。很多情况下，成年人并非有意为之，他们不愿意去暗示，也不知道自己是在暗示，甚至压根没有察觉到问题的存在。

我举几个曾发生在我身边的例子。有一次，我看见一个两岁左右的小男孩把一双穿过的鞋子放在洁白的床单上。我不假思索地夺过鞋子（我这样说，是因为我的行为出于本能，没有经过仔细的考量），放到房间角落的地面上，并对小男孩说："鞋子多脏呀！"然后，我用手掸了掸床单上放过鞋子的地方。这件小事之后，每当看到鞋子，小男孩都会跑过去拿起它，把它挪到别的地方，嘴里还一边说着"鞋子多脏呀！"，然后伸出小手在床单上抹两把灰尘，尽管床单上并没有放过鞋子。

还有一次，一位母亲收到一个包裹，她兴高采烈地拆开包裹，里面有一条丝绸手绢——她送给了小女儿；还有一只小喇叭，她把喇叭放在嘴边吹了两声。小女孩高兴地嚷道："音乐！"此后很长一段时间内，只要摸到布料，小女孩就会开心地说："音乐！"

成年人并非用粗暴的手段将意志强加于儿童，而是"润物细无声"地渗透儿童的意识，形成软性束缚。尤其是那些教养良好、自控力强的人，儿时多半服从于保姆无微不至的管教。我曾遇到过一个四岁左右的小女孩，她那时和祖母一起住在乡间别墅里。小女孩想打开喷泉的水龙头看水泉喷水，但要拧开水龙头的时候，她又把伸出去的小手缩了回来。祖母见状便给她鼓励，可小女孩却说："不行，保姆不许。"于是祖母试着说服小女孩，告诉她这是在祖母家里，她不必有顾虑。听闻这番话，小女孩笑得灿烂而满足，她非常想看到喷泉。然而，即使她再次伸出胳膊和小手，在拧开水龙头之前的一刹那，她还是退缩了。即使保姆远在千里之外，小女孩还是乖乖地服从她的命令，近在一旁的祖母苦心劝说也无济于事。

还有一个类似的例子发生在一个年龄稍大一点的男孩身上。他大约七岁，正端坐着眺望远方，好像那里有什么东西吸引了他的注意。他想起身一探究竟，但终究还是坐回了原位，仿佛摇摆于意识之中，却不能战胜这股意志。没人知道究竟是谁主宰着男孩的行为，因为这一切都将随着童年记忆烟消云散。

对环境的爱

可以说，对于暗示的敏感性是儿童心理塑造的功能之一，也是儿童内在敏感性的特征，我们称之为"对环境的爱"。儿童兴致勃勃地观察着周围的事物，并且被深深吸引，尤其是成人的举动，他们想要理解和复制。从这个角度讲，成人肩负着一项重要使命：为儿童的行为做出表率。成人的所作所为就像一本指南书指导着儿童的行为，只有跟随成人的步伐儿童才能在世界上安身立命。而成年人为了履行这项任务，必须保持冷静，按部就班地展示自己的行为，以便儿童能够观察到每一个细节。

相反，如果成年人坚持自己迅疾而强势的节奏，忽视了对儿童的启发和教育，那么他的意志就会强加在儿童身上，以暗示的手段取代儿童的灵魂。

一些在感官上极具吸引力的物体对儿童也有着暗示的作用，它们就像磁铁一样呼唤着儿童靠近。莱文教授做过一个有趣的心理学实验，他将实验的过程做成了影片，目的在于让人们了解，同等外部条件下年龄相仿的智力障碍儿童和正常儿童面对相同物品的不同反应。在影片中我们看到，长长的桌子上摆放着各种各样的物品，包括一些教学道具。

第一组儿童进来后，对桌子上的物品表现出了浓厚的兴趣，他们带着兴奋的笑容，饶有趣味地打量着身旁的物品。每个人都拿起教学道具使用起来，过一会儿又换了一个，直到用过了所有的道具。这是第一幅画面。

第二组儿童进来后只是缓缓地挪动着步子，简单地看了下桌子上的东西，似乎显得无动于衷。这是第二幅画面。

读者不妨猜测一下，哪一组是智力障碍儿童，哪一组又是正常儿童呢？结果是，第一组兴高采烈、上蹿下跳的是智力障碍儿童，他们穿梭在各样物品之间，每样物品都想拿起来试一试。对于观看影片的观众来说，这组儿童显得更加聪明，因为人们习惯性地认为聪明的孩子都活泼好动。

然而，我们看到的那些安静踱步，凝视着物品若有所思的孩子才是正常的孩子。因此，冷静的头脑、克制的行为、谨慎的态度才是正常孩子的特征。

为什么实验的结果与人们普遍认同的观念是相反的呢？因为在一般情况下，聪明的孩子表现得像影片中的智力障碍儿童一样开朗活泼。但在熟悉的环境中，正常的儿童会变得动作缓慢、深思熟虑，他的内心克制着冲动，他的理智支配着行为。儿童消化了物品所提供的暗示，并且能自在地处置这些物品。因此，重要的不是频繁的动作，而是对自我的掌控。以怎样的手段活动或者在怎样的心境下活动都无关紧要，真正要紧的是能够控制自己的行动器官。在自我的指挥下行动，把精神集中于一处，不受外界的蛊惑，这才是源于内心的行为。

一个真正的正常人会在缜密的思考后审慎行事，这是秩序的表现，被称作"自律"。有条不紊的行为是自律的外在表现。当一个人无力约束自我从而导致行为失控时，其他的意志就会乘虚而入，这个人将沦陷在外物的诱惑中，如偏离航道的小舟一般，越漂越远。

外在的意志很难控制一个人，因为它不能创造有序的行为准则。因此我们说，这个人的人格是分裂的。对儿童来说，他失去了依照天性发展自我的机会，就好像一个人乘坐热气球降落在沙漠里，却发现热气球被大风吹走，他被独自留下。热气球已经离他远去，四周又没有可以取代热气球的逃生工具。当儿童陷入这种困境的时候，他与成年人之间必将爆发一场争执。儿童的心智尚未成熟，一举一动算不上有章法可寻，他们茫然地探寻四周，殊不知花花世界里有等待着他们的诸多陷阱。

15 运动

有必要强调，运动对人的心理塑造起着至关重要的作用。我们不能未加分辨地将"运动"划归为身体器官的功能，将它与消化、呼吸等植物性功能混为一谈。事实上，运动的作用在于维护身体正常的新陈代谢，改善呼吸，促进消化和血液循环。

然而，运动作为动物的特征和本能，对人体的植物性功能也有影响。可以说，运动是身体各项机能正常运转的先决条件。倘若认为运动只是增强体质的手段，那可就大错特错了。举个例子，体育活动，既能强身健体，又能激发勇气，树立自信，陶冶情操，点燃对生活的热忱。这说明，运动的心理意义远大于它对生理的影响。

在不懈的努力和修炼下，儿童慢慢成熟成长，这不是一种简单的、随着年龄增长而变化的自然现象，儿童在不同的年龄段所表现出来的心理特征也应当受到重视。须知在成长过程中，儿童捕捉周围的意象并将这些意象分门别类、梳理清晰，在感知力的引领下，"自我"逐步构建智慧。经历了这种内在的挣扎和暗自的淬炼后，"理性"初具雏形。归根结底，"理性"是区别人与动物的重要特征，只有人才是理性的、独立的，能够进行思考和判断，人类拥有欲望，并追随着欲望行动。

孩子被裹挟在时间的洪流中，焦灼地等待着成长，为了长大成人，他们要付出巨大的努力和辛劳，成年人对此再清楚不过了，然而他们却对眼前的孩子不管不问。成年人垂着手等在原地，等着儿童的理性萌发，然后再用自己的理性去压制儿童的理性。限制儿童的行动就是这种压制的典型表现。为了弄清运动的本质，我们要将它视作造物主赋予人类的一种力量，拥有了这种力量，人才能被称之为人，四肢躯干才能活动舒展，去外界环境中完成周而复始的历史使命。运动不仅仅是"自我"的表现，还是形成不可或缺的因素，是"自我"与外界建立联系的唯一方式。所以，运动是智力形成的基本要素，人类在与外界接触的过程中累积经验，安身立命。甚至抽象思维的形成，也是运动的结果，人在运动中把握事实真相，对真相日益成熟的理解催生出抽象思维。人类正是通过运动了解了时间和空间这两种抽象概念。因此，运动联结了主观世界和客观世界，但要提醒诸位的是，精神表现分为两种：内在思想和外在行为。运动器官展现出人类构成的复杂性。人的肌肉如此之多，以至于不可能全部用到，换句话说，人的身体上总备有一部分无用的器官。例如，靠双手做些精细活儿的工匠平时用到的肌肉，芭蕾舞演员根本用不到，反之亦然。可以说，人在成长的过程中，只调用了一部分的自己。

然而为了健康的体魄，肌肉必须得到充足的、有效的锻炼。在健康的基础上，人生才能拥有各种各样的可能性。倘若得不到适当的锻炼，肌肉就会萎缩，人的精神也会萎靡不振。

如果理应活动的肌肉瘫软无力，那随之而来的不仅仅是身体上的疲乏衰弱，还有精神上的郁郁寡欢。心理波动也常常影响身体反应。

为了更好地理解运动的重要性，我们需要关注身体机能和意志的关系。人体的植物性功能虽然与神经系统密切相关，但却独立于意志之外。每个器官都有固定的功能，进行常规性的活动，细胞和组织具有适用于相应器官的结构，也就是常说的"术业有专攻"。肌肉与器官的根本差别在于，尽管肌肉细胞也有专门的工作，但它们不会持续自主地运动，只有在命令的引导下，肌肉细胞才能进入工作，没有命令它们就无所适从。我们可以把肌肉细胞比作等待上级命令的士兵，它们的天职就是服从指挥、遵守纪律。

我们上面已经提过，细胞有各自明确的分工：分泌乳液或唾液的细胞、供氧细胞、排毒细胞、杀菌细胞……所有细胞的通力协作和持续工作，维持着人体的正常运转，这就如同人类社会的劳动分工一般。任何一环对整体来说都是不可或缺的存在。

肌肉细胞来去自如，灵活敏捷，时刻准备着听从命令。但在此之前，它们做好充分的准备，接受长时间的训练，只有这样，肌肉细胞才能与其他组织的细胞协调合作，准确地完成任务。

可以说，健康的人体系统建立在严格的纪律上。当来自大脑的指令传遍身体的各个部位时，只有每块肌肉、每个细胞都各就各位、协同配合，才能完成行动的奇迹。

然而，没有运动作为凭靠，意志又有何用？

身体活动将意志下达给肌肉组织，再由肌肉组织来实现意志。我们在一旁看到了儿童为了达成目的所做出的努力和斗争。儿童的渴望——说得更确切一些，是"儿童的冲动"——促进了身体功能的完善，主宰着身体器官的运行。如果没有意识，儿童不过是一副空壳，是一捅就破的纸人。在这方贫瘠的土壤上，智慧的大树空有枝芽，却不会结果。大脑不仅仅是行动的指挥官，还是心理的建设者。

令我们始料未及的是，孩子在学校中自由活动时，对手头上的工作表现出了极大的关心和热爱。当他们尚且是无拘无束的小婴儿时，就乐于捕捉环境中的可见意象，并热情而细心地完成这一系列动作。精神似乎推动着他们向实现真正的自我不断迈进。儿童是探索者，人类诞生于混沌之中，本是未决的生物，在不断的探索中，最终找到了光辉的前路和自我的形状。

16　不解

成年人并没有意识到运动对于儿童的重要性，他们将嬉笑玩闹视作调皮捣蛋，横加干涉儿童的行动。

甚至科学家和教育学家也忽视了运动在人类成长过程中

的关键地位。"动物"一词本身就包含了"动"字,"动"即"运动",植物与动物的区别在于前者扎根于土地,而后者移动自如,那么为什么成年人要限制儿童的活动呢?

从成年人潜意识的表达中,我们能看出一些端倪。成年人说"儿童像纤弱的花朵、幼嫩的植株",这意味着孩子应该"静静地待着"。还有人将儿童比作"天使",他们自由自在地在云朵间穿行,生活在远离尘世和凡人的天堂仙境。

以上种种比喻揭示了人类心中不可思议的盲目性,而这种盲目性比心理分析学所界定的人类潜意识之中的偏执性要盲目得多。

这片心理的盲区深不可测,因为先进的科学、精准的手段只能在盲区边缘徘徊试探,无法揭开人类灵魂中最隐晦的秘密。人们一致认为,感官在智慧形成的过程中发挥着重要作用,而智慧的价值毋庸置疑,听障儿童或失明儿童难免会在成长过程中遭遇坎坷,因为听觉和视觉是通向智慧之门的钥匙,是感知智慧的工具。普遍的观点认为,听障人士和盲人在探索智慧的道路上,自身条件低于正常人,他们所遭受的痛苦,也广为人知,但人们并不觉得这些特殊的生理缺陷与健康的身体状态有什么相悖之处。没有人会荒谬地以为,一个儿童被剥夺了听觉和视觉,仍然能够迅速地吸收文化知识,遵守社会道德;也没有人会特地将推动社会文明进步的重担交到盲人和聋哑人手上。

然而,"运动在人类智慧和道德观形成的过程中扮演了重要角色"这一想法很难被广泛接受。倘若在成长过程中,人的运动器官被忽视,那么他的发育就会变得迟缓,甚至永远处于较低的水平，其后果比丧失某种智力感官更为严重。

"囚于肉体之中"的人是痛苦的，这种痛苦异于并甚于失去光明、失去声音的痛苦。尽管盲人和聋哑人失去了一些感知环境的能力，即成长的外在助力，但他们在精神上拥有卓绝的适应能力，至少在一定程度上，一种感官的极度敏锐性可以弥补另一种感官的缺失。而运动无可取代，它与人的个性紧密相关。一个人若不运动，就如同自残，放弃生命，堕入深渊，被判为永远的罪人，像被驱逐出伊甸园的亚当和夏娃一样，怀着满心的羞愧和痛苦在陌生的世界中受难。

当人们谈论"肌肉"时，习惯于把它们想象成精密的机械装置。

将运动对人类智力发展的重要性置于感官之上，似乎动摇了人们的基本观念。

实际上，耳朵和眼睛里也存在着机械装置。眼睛里就像藏了一台"点亮美好生活的照相机"，而耳朵里颤动的绒毛和鼓膜则组建了一支爵士乐队，这支乐队从不落下任何一个鼓点。

但是，当我们谈论起感官对于智慧建设的重要性时，我们并不把它们视作机械装置，而仅仅看到了这些装置的用途。通过这些非凡的生理构造，"自我"与世界建立起联系，进而满足心理欲求。冉冉升起的红日、令人称叹的奇景、艺术作品带来的欢愉、动听的音乐或是悦耳的话语……这些调动多种感官的、持续性的欣赏活动取悦了"自我"，也为心理发展储备了必要的营养。

如果人的"自我"既不懂欣赏，也不懂享受，那么感官的机械装置又有何用？

看和听本身并不重要，重要的是在看和听的过程中塑造人格、发展自我、享受生活，快乐成长。

我们可以拿运动做类比。毫无疑问，运动也需要调动机械装置，虽然这些装置不像感官那样精密而具体，比如耳朵的鼓膜或者眼睛的水晶体。人类生活和教育的根本问题在于"自我"可以激发和控制自己的运动器官，从而使行动服从于超越反射性动作和植物性功能的"元素"，一般来说，这种"元素"是本能，但对人类来说，这种元素是"智慧"，是创造精神的代名词。

如果一个人无法实现这些基本条件，那么"自我"就会土崩瓦解，本应该支配身体的本能将脱离躯干，流浪在世界之外。

17　爱的领悟

倘若一个人能依照自己的法则消化生命中的苦难，营造社会的和谐，从痛苦中淬炼爱的真谛，那么我们就可以说，这个人拥有健康的心理和善良的灵魂。

我们不能否认，爱不是行为的缘由，而是行为的反映，就像星星反射太阳的光芒一样。本能才是行为的缘由，是激励生命前进的创造力。但在创造的过程中，爱无时不在，因此儿童的意识之中充盈着爱，在爱的鼓舞下，他们努力实现自我发展。

实际上，我们可以将儿童在"敏感期"对外界环境产生的不可抑制的冲动视作"爱"。这种"爱"不是我们平常所说的"爱"，而是指这个字所包含的情感：这是一种对智慧的热爱，在"爱"的感召下，儿童去看、去观察、去领悟。用但丁的话说，这种引导孩子观察四周的推动力，叫作"爱的领悟"。

探索周围环境的热忱，赋予了儿童生动而细致的观察力，而对于丧失了这种能力的成年人来说，环境中的细枝末节无关紧要。捕捉他人察觉不到的东西，记录他人不懂得赞赏和发掘的特质，揭开黑暗角落中隐秘的故事，儿童的敏锐和温柔难道不是爱的流露吗？儿童的智慧，在于以爱的目光感触世界，而不是冷眼旁观，因此才能看见他人看不到的风景。对爱主动的、灼热的、细腻的、持续的汲取，是童年的一大特征。

在成年人的印象中，活泼快乐是多彩童年的表现和特征。但成年人没有看到隐藏其后的爱，这是一种精神力量，是伴随着创造力的道德之美。

儿童的爱是纯粹的。他的爱是为了领悟世界、融入世界，因为天性教他如此。儿童将汲取的养分消化吸收，化为身体的一部分，供给自己成长。

纵观外界环境我们发现，儿童的爱主要奉献给了成人。成人给予儿童物质上的帮助，儿童则满怀爱意地接受了成长路上的必需之物。在儿童的眼中，成年人是高高在上的，从成年人口中蹦出的词汇，就像从不竭的喷泉中涌出的水花一般，儿童咿咿呀呀地模仿成年人的话语，以构建自己的语言系统。对孩童来说，成年人的话不可违逆，仿佛拥有超自然的魔力。

而成年人用自己的行动向一无所知的儿童展示做人处世的行为规范，模仿成人的行为意味着儿童开启了自己的生活。成年人的言谈举止吸引着儿童的注意，它甚至转换为一种暗示，渗透在儿童的言谈举止中。因此，儿童对成人的一言一行无比敏感，直到儿童自己也活成了成人的模样。前文中提到过一个小男孩将鞋子放在床单上的例子，这个例子恰到好处地解释了儿童对成年人的服从，以及成年人对儿童的暗示。成年人的话语就像刻在大理石上一般铭记在孩子心间。各位读者可还记得我之前讲过的一个例子，小女孩的妈妈收到了一个装着手绢和喇叭的包裹，此后小女孩只要摸到布料就会嚷着"音乐！"因此，大人在孩子面前说的每个词语都要经过再三考量，因为孩子正如饥似渴地学习说话，而且这种热情轻易不会消减。

孩子打心底里愿意服从成人的指令。但当成人为了自己的利益，要求孩子放弃那些推动成长和创造的不可动摇的规则和法令时，孩子便不能从命。这就好比大人在儿童长牙的时候阻止乳牙的萌发。儿童的任性、不听话是一种表象，这种表象的内核是儿童对成人（可惜成人并不理解儿童的想法）的敬爱与创造性冲动之间的摩擦。当儿童发脾气的时候，成年人应当考虑冲突发生的原因，意识到儿童的反抗实际上是为了维护自我成长而必须的自卫。

成年人应当知道，儿童愿意服从我们，而且坚定不移地爱着我们。儿童爱成年人胜于一切，然而我们却常常听到相反的说法："父母是多么爱他们的孩子！"或者有些老师会说"老师是多么爱他的学生！"人们坚称孩子需要学习去爱，爱母亲，爱父亲，爱老师，爱所有人、所有动物、所有植物，爱宇宙中的一切。

但究竟是谁在教育儿童呢？谁是爱的导师呢？难道是那些将幼儿的一切行为称作"任性"，又时刻提防着孩子侵入自己私人领域的成年人吗？这些人不可能成为爱的导师，因为他们并不具有"爱的领悟"。

正相反，儿童才懂得爱的真谛，儿童希望成人陪伴在他们身边，希望获得成人的关注，他们总是对成人说："看看我！到我这儿来吧！"

到了晚上，当孩子钻进被窝的时候，他会呼唤所爱之人，央求爱的人不要离开。当我们去吃饭的时候，尚在吃奶的孩子仍希望和我们在一起，这不是因为他想吃点什么，而是因为他想看着我们，和我们待在一处。成人对儿童的隐秘爱意毫无察觉，甚至不以为意，深爱着我们的小家伙总有一天会长大，会远走高飞，等到那时，谁还会像他们那样爱着我们？谁还会在睡觉之前呼唤我们，饱含深情地对我们说"和我待在一起吧"，而不是冷漠地说一句"晚安"？谁还会在我们吃饭的时候黏在我们身边，只为了看着我们？我们抵挡孩子汹涌的爱意，殊不知这份独一无二的爱再也不会重来！我们不耐烦地说："不行，我没有时间，我还有一堆事要做呢！"但我们心里想的是"要纠正孩子黏人的习惯，不然总有一天我会沦为他们的奴隶"。我们想摆脱孩子，做些自己喜欢的事情，安稳地待在自己的舒适圈里。

孩子一大清早便去叫醒爸爸妈妈，这让大人们伤透脑筋。保姆的任务之一就是阻止孩子扰人清梦，守护父母的赖床时光。

但是，如果不是爱，又是什么让孩子一起床就去寻找爸爸妈妈呢？

清早，旭日初升，孩子从小床上一跃而下，例行公事一样地跑去寻找仍在熟睡的父母，仿佛是在告诉他们："你们要学着健康生活呀！天亮啦！已经是早晨啦！"孩子并不是想要对父母说教，他们只是想见见自己所爱的人。

或许，父母的房间此时光线昏暗，窗帘紧闭，因为炽热的阳光并不受欢迎。但孩子还是克服了内心对黑暗的恐惧，摇摇晃晃地走上前，甜蜜而温柔地依偎在父母身边。然而，父母却低声埋怨道："我告诉过你多少次了，早上能不能不要来吵醒我们？""我没想吵醒你们，"孩子答道，"我只是想来亲你们一下！"

他仿佛是在说："我不是想来叫醒你们的肉体，我是想来唤醒你们的灵魂。"

没错，儿童的爱对我们来说非常重要。父亲和母亲终此一生昏昏沉沉，麻木不仁，他们需要一个新生命来将他们唤醒，赋予他们业已流失的新鲜氧气和炙热血液，这个新生命的一举一动与他们如此不同，每天早晨都会对他们说"该起床迎接新生啦，学会更好地生活吧！"

对，更好地生活，感受爱的一呼一吸。

没有孩子的帮助，大人就会自甘堕落。如果成年人不洗心革面、自我改造，他的灵魂就会被厚实的硬壳包覆，再也感受不到任何温情。长此以往，孩子的心脏终将停摆！

第二部分

新教育

18 儿童的教育

我们必须直面这个令人惊讶的现实：儿童懵懂无知的外表之下掩藏着丰富细腻的心理活动，而成年人则在无意之中抹杀了这些心理活动的痕迹。

在成年人的世界里儿童四处碰壁。为了跨越坎坷，斩除荆棘，儿童不得不在成长中学会保护自己，以扭曲的态度适应世界，沦为成年人种种暗示下的受害者。儿童心理学正是在这样的环境中诞生的，成年人武断地评判儿童的品性，将尚未成熟的理论误作教育学的基础。现在，到了彻底清算传统儿童心理学的时候。正如我们看到的那样，孩子的每一个出人意料的行为背后，都埋着一个亟待破解的谜题：孩子的每一次无理取闹，都是心理冲突的外在表象，我们不能将这些任性的举动看作毫无意义的哭吼，或是理解为儿童对不恰当的环境所作的反抗，实际上，儿童的坏脾气背后潜藏着深层次的、本质上的自我表现欲。正如暴风雨袭击了儿童的心灵世界，阻止他们走出挡风遮雨的保护壳，向外界展示真正的自我。

显然，那些乖戾、反抗、扭曲的行为掩盖了儿童真正的个性，遮蔽了奋力追逐人生的灵魂，但孩子的任意妄为只是表象，他的个性、他的精神胚胎，随着心理世界的发育而逐渐完全。在我们看不见的地方，有一个活在阴影中的小人儿，一个你不熟悉的陌生孩童，一个戴着镣铐、急需拯救的囚徒。

从某种意义上讲，理解儿童就是解放儿童，乃至揭开儿童身上的秘密。这就是教育的第一要务。

如果说分析成年人的心理与探索儿童的心理有什么差别的话，根本之处在于：成年人潜意识中的秘密是积压在内心深处的某种东西，只有挖掘自我，直面复杂而艰缓的自我调整过程中与扭曲变形的漫长人生，才能脱离苦海，理清盘根错节的愁绪。而儿童的秘密则掩藏在环境之中，因此解放儿童就要从他周围的环境入手。儿童期是创造与探索的时期，我们需要做的只是为他们打开一扇门。从呱呱坠地之日起，幼儿的创造无止无休，但那些从虚无到存在，在他的潜能之中所诞生的产物，并不具有什么复杂性；孩子的能量与日渐长，他们并不担心在展现自我时遭遇困窘。

开放自由、无拘无束的环境才适合朝气蓬勃的小生命，他的心理世界能自然而然地舒展，他的小秘密也在不知不觉间暴露。如果教育偏离了这个方向，就会陷入死胡同，找不到出口。

真正的新式教育是要发现儿童的秘密，给予儿童自由。这需要在两个方面达成共识：第一是承认儿童的存在；第二是在儿童日益成长的过程中，提供必要的帮助。

这两项工作都根植于外部环境。良好的环境为儿童的成长铺平道路，它接纳了儿童的能量，又为他们的成长活动提供了必要的媒介。成年人也是环境中的一员，他们应当急儿童之所急，教导儿童变得独立，而不是代替儿童跨过成长道路上必经的沟壑。

我们教育儿童的核心方法就是重视环境的作用。

"教师"在我们提倡的教育中扮演了怎样的新角色引起了广泛的兴趣和讨论。在孩子面前不设置权威，不固执己见，将自己置于被动地位的老师会引导孩子的主动性；他们为孩子获得的进步感到自豪，并不把这份功劳归为己有。另外，我们的教育还强调对于儿童个性的尊重，这是以往的教育体系从未做到的。

上述三点重要理念在一所原先叫作"儿童之家"的教育机构中得到了充分执行，"儿童之家"这个名字，重在强调"家庭环境"的概念。

一直以来，这种教育理念在业界饱受争议。人们讨论最多的是成年人与儿童角色的倒置：教室里没有讲台，老师不再代表权威，也几乎不进行说教；而儿童成为教学活动的中心，他们自己学习，自主选择，自由活动。在许多人眼中，这种教学方法不像是"乌托邦"，而是脱离实际的夸夸其谈。

另外一边，家长们为了让儿童在适宜的条件下成长，欣然着手改造物质环境。干净明亮的房间，摆放着花花草草的小窗台，现代家庭所配备的各式各样的小家具，比如小桌子、小扶椅、漂亮的窗帘、儿童触手可及的碗橱柜……孩子们想要的一切都可以随用随取，这项进步着实让儿童的生活变得便利。我相信，绝大多数的"儿童之家"都会将宽松的生活环境、便利的室内装潢奉为主旨。

如今，经过长期的教学实践和研究活动，我们有必要重新梳理一下这个话题，帮助人们更好地了解事情的来龙去脉。

有些人错误地认为，通过偶尔的观察就可以洞悉儿童不为人知的个性，据此想法诞生了特殊的学校和特殊的教育手段。事实上，面对未知的事物，我们不可能仅凭模糊的直觉和印象就妄下结论。倘若有人说"现在我要用实验证明，儿童具有两种个性"，那便是一派胡言了。新事物是自发产生的。通常情况下，发现者会对新事物持怀疑态度，选择视而不见。不仅发现者将新事物拒之门外，整个世界也是如此，新事物只好坚持不懈地展示自我，直到一双热情的眼睛发现它、认识它、接纳它。对成年人来说，孩子就是新事物，他们用极大的热情照顾孩子、赞美孩子，为孩子奉献人生！在这种热情的侵蚀下，成年人以为自己就是孩子的创造者，而实际上我们只不过是对孩子的表现比较敏感罢了。对我们而言，最困难的是发现新事物，然后说服自己接受新事物，因为我们习惯性地拒绝新事物的到来。

我们的心理世界就像一间贵族沙龙，对敲门的陌生人不予理睬，只有在熟人的引荐下，方可入内。无人引荐的"新生"只能砸开紧闭的大门，或者蹑手蹑脚地溜进来。当他突兀地出现在大庭广众之下时，就会发现自己吸引了所有人的目光。伏特发现死去的、被解剖的青蛙在接触金属时会抽搐，他没有质疑这个现象的真实性，也没有被情绪所困扰，而是反复钻研，最终发明了电池。有时，一件小事就可以开辟出无垠的荒原，因为人类生来即创造者、开拓者，但若不能发现和接受这些小事，人类社会就无法向前发展。

在物理学和医学领域，新事物有明确的定义，它指的是闻所未闻的、首次被披露的现象，这种现象客观存在，确凿无疑，不随主观意识变化而改变。证明新事物的存在需要两个步骤：一是将这个事物从存在的环境中抽离出来，观察它在不同条件下的表现形式。这是最基础的一步，只有做好这一步，我们才能开展研究；二是维持实验的长久性。如今，有一种研究旨在复制和重建新事物，确保新事物不是昙花一现的幻影，而是触手可及、货真价实的客观存在。

第一所"儿童之家"就是典例，这项看似渺小的创举，实际上为儿童教育开辟了新的思路。

回首教育之路

在泛黄的纸页间，有我曾经做过的几条笔记，这些笔记简述了我们一路走来的教育历程。

你们是谁？

我们的第一所"儿童之家"成立于1906年1月6日，招收三到六岁的正常儿童。彼时，我的教育理论尚未成形，直到不久之后，较为完全的理论才诞生于世。在那些日子里，除了五十多个来自贫困家庭、衣着破烂、腼腆羞涩的小哭包，我一无所有。这些孩子的父母几乎都目不识丁，将孩子全权托付给我照管。

最初的一帮孩子来自工人公寓，为了防止他们无人管教、四处乱跑、涂脏墙壁，这栋公寓的一个房间被改造成了一所幼儿园，我受任教育和照料这些孩子，开始一段"奇妙之旅"。

那时，我有一种难以言喻的感觉，仿佛一项伟大的事业正徐徐展开。

那一天是主显节，教堂圣餐仪式上的一席话更像是一番预言："惨淡的大地上，于东方点亮了一颗明星，它的光辉指引着众生前行。"

出席开学典礼的宾客们颇感惊异，他们交头接耳地议论道："为什么蒙台梭利要费这么大的劲儿来打理一个破破烂烂的托儿所？"

我开始像农民一样劳作，在肥沃的田地间播撒优良的麦种，结果收获了意外之喜。当我翻耕土地时，发现泥土下掩埋的不是麦穗而是无价的金币。我满以为自己只是一介农夫，不料摇身一变成为了阿拉丁，手握打开宝库大门的钥匙。

教育这些孩子的工作给我的生活带来了一连串的惊喜。

我曾经为智力低下的儿童准备了不少教学物品，这些物品在课堂活动中发挥了不错的效果。因此有理由推断，同样的教学物品也能帮助正常儿童成长和学习，强化儿童的精神世界，矫正儿童的错误观念，遵照心理健康的条例法则，将儿童培育成强壮而正直的人。以上所述并无惊人之处，而后诞生的教育理论合情合理，足以说服任何一颗冷静而谨慎的头脑。但当我真正见识到这种教学方法的结果时，还是陷入了惊异与怀疑之中。

与智力缺陷的儿童相比，我所准备的教学物品在正常儿童身上产生了不同的效果。当一个正常儿童被某样物品吸引时，他便会全神贯注、不知疲倦地摆弄这样东西。当他们完成了工作，放下这件东西之后，就会露出满足、放松而幸福的神情，优哉游哉地扬起小脸，眼睛里闪烁着愉悦的光芒。这些物品仿佛是给钟表上弦的钥匙，只要拧几下钥匙，钟表就会继续运作起来。而儿童在一番劳作之后，会变得更坚强，他的心理世界会变得比从前更健康。我花了一些时间才终于说服自己这不是错觉。起初，我对于这次尝试的结果抱有怀疑，我既觉得惊讶、激动，又忍不住忧虑和担心。我记得有好多次，当老师来向我汇报孩子的情况时，我会严厉地告诫她："别再对我编故事！"我记得这位老师并不生气，而是眼含热泪地回答我道："您是对的。当我看到孩子们专心致志做事的时候，我想一定是有天使在启迪他们。"

这就是我见到这帮孩子们的情景。他们泪眼蒙眬，惊惶不安，因为太过羞怯而不愿多言语；他们面无表情，双眼呆滞，仿佛从未见过世上的一切。这些都是穷人家的孩子，被丢弃在逼仄而晦暗的破房子里，缺乏教管，亦无关爱。就算不是医生也能看得出来，他们营养匮乏，需要新鲜的氧气和灿烂的阳光。这些尚未绽开的花苞生机全无，花被沉重地覆在花蕊上，囚禁着沉睡的花魂。

怎样的环境才能让这些孩子脱胎换骨，重焕新生？怎样才能点亮他们心上的那一盏灯，将他们的世界照得通透明亮？

为了实现"儿童心灵的解放"，我们应当创造一切有利条件，扫除一切束缚障碍。但究竟什么是压抑儿童个性的障碍？

什么又是有利于儿童成长的环境？众多的回答不免有相悖之处，但它们的目的是崇高而统一的。

我们首先从儿童的家庭环境谈起。这些孩子的家长处在社会最底层，没有固定的工作，每天不得不四处奔走寻找临时的活计。他们多半都是文盲，没有能力教育孩子。

聘请一位真正的老师是不切实际的，我只好找到了一位曾就读于师范学校，后来当了工人的妇女来当老师。她没有任何的教学经验，因此也没有任何老师的思维定式。另外，这所私人学校不过是建筑公司的权宜之计，目的是克扣用以维持学校运转的资助费。把儿童聚在一起，就能避免孩子们抹画墙壁，减少维修和翻新的次数。社会福利惠及不到这间破败的学校，孩子们不能像公立学校的学生那样拥有免费的医疗服务和食物。为数不多的开支都用在了办公室里，我们添置了一些朴素的家具和教学用具。因为手头不宽裕，我们要自己动手做家具，甚至上课用的桌椅也需要特制。如果不经历这种特殊情况，我们就没有机会揭开儿童的心理谜题，也无法阐释心理环境对儿童成长的重要意义。"儿童之家"算不上一所真正的学校，如果用一种测量仪器比喻的话，它的初始值为零。没有课桌、没有讲台，学校该有的一切装潢摆设，在这里都消失不见。办公室里有我们自制的简陋家具，还有一套专为低能儿童设计的教学器材，谁也不会想到，正是这套器材在以后的教学活动中发挥了重要作用。

或许没有人会相信，第一间"儿童之家"的环境远没有今天大家所熟悉的那样宽敞明亮、舒适典雅。最气派的家具不过是一张笨重的桌子，这张桌子被当作讲台置于教室中间；还有一个高大的橱柜存放教室里的所有物品。橱柜被锁了起来，钥匙由老师保管。为孩子们特制的课桌比普通课桌更加坚固耐用，它的长度足够三个孩子并排而坐，就像普通学校的课桌一样，一张挨着一张排列。不一样的是，每一个孩子都有一把简单的小椅子。当时的花园和庭院里只有树木和一小片草坪，没有栽植任何花，而如今馥郁繁茂的鲜花是我们学校的特色。面对一穷二白的学校，我并不指望能做出什么成绩。但我仍想尝试实践一种科学的教育方法，检测正常儿童与低智商儿童之间可能存在的反应差别。我尤其想知道，年龄较小的正常儿童和年龄较大的低智商儿童之间有什么反应差别。

我没有对老师提出任何教学限制，也没有布置特别的教学任务，只是教她如何使用教学器具训练儿童的感官，这样，她就可以再展示给学生。这位老师觉得自己的工作轻松而有趣，有充分的自由发挥的空间。

不久之后，我发现老师开始自己动手制作其他教学工具，她用卡纸做成十字勋章，奖励那些表现优异的孩子。我经常看到有孩子胸前挂着这些漂亮的小吊饰。老师还开始教孩子们行军礼，教他们把手举在额前，尽管最大的孩子只有五岁。这项教学活动似乎很合老师心意，我虽然觉得有些滑稽，但也看不出来有什么害处。

就在这样的情境下，我们开始了平静而与世隔绝的学校生活。

在很长一段时间里，没有人关注到我们。但我还是想记录下这段日子里发生的故事，尽管都是些微不足道的小事。不必写成皇皇巨著，只需像讲故事那样开篇："从前有一次……"

或许，我的教育方法是如此质朴和幼稚，以至于没有人觉得是科学而可行的，然而我执意将观察和描述整理成册，期盼对儿童心理学的研究有所帮助。

19　重复练习

我第一次注意到这个现象是在一个大约三岁的小女孩身上，她将形状从小到大的圆柱形积木像塞瓶塞一样插入对应的积木槽中，然后再拔出来，反复不停地玩着这个游戏。我惊讶地发现，一个如此年幼的孩子居然能聚精会神、兴味盎然地一遍遍重复同样的动作。在练习的过程中，她的动作速度和熟练程度没有表现出丝毫的提高，就像永动机一般迟缓而长久地运作。而我出于职业习惯，在一旁暗暗计算小女孩练习的次数，我想知道她的注意力究竟还能维持多久，于是叫老师安排其他孩子在她身旁唱歌玩闹。

但我所做的一切，没有对小姑娘造成一丝一毫的影响。我干脆将她轻柔抱起，连人带椅子一起搬到小桌子上。当我一把抱起小女孩时，她紧紧地抓着手上的积木，把它放在膝盖上，继续着相同的动作。我从这时开始计数，一模一样的练习，小女孩重复了四十二次。当她停下来的时候，仿佛大梦初醒，露出了幸福的微笑，她亮晶晶的眼睛快活地打量着四周。她似乎对周围的一切没有察觉，没有什么东西能够打扰到她。那么问题来了，在不受外界影响的前提下，她放下了手中的玩具。是什么让她停止了动作？原因又在哪里？

这是我们第一次洞察到未曾触及的儿童心灵深处。一般情况下，这个年龄段的孩子很难集中注意力，他们的思维天马行空，总是从一件事跳跃到另一件事上，但当孩子一心一意地投入到某件事情时，他的"自我"就能对外界的干扰和刺激免疫。双手有节奏地活动，让孩子更容易保持专注，他们手上的东西往往是专研的教学用具。

类似的事情经常出现。每次游戏结束之后，孩子就像从冬眠中苏醒一般活力满满，喜气洋洋。

虽然专心致志以至于无视周遭环境的情况并不常见，但我还是注意到，这种现象发生在所有孩子身上，而且持续性地表现在几乎每个动作之中。这种后来被称为"重复练习"的举动，是儿童行为的典型特征。

有一天，我看到孩子们的小手脏乎乎的，于是想教他们如何洗手。我发现，当他们把手洗干净之后，还是在不停地搓洗，甚至放学回家之后频繁洗手。几位母亲告诉我，她们的孩子早上起床便不见踪影，原来是早早跑到卫生间里洗手。孩子们自豪地把洗干净的小手展示给大家看，有时让人误以为他们是在伸手讨钱。孩子不需要任何理由，一次又一次地重复着某个动作。相同的情况还发生在其他场合下，老师教授动作时越是细致和认真，越能激发孩子们不知疲倦地重复和模仿。

20 自由选择

我还观察到了另外一个简单的现象。儿童使用的教学用具由老师发放，使用完之后再由老师将东西放回原位。有老师告诉我，每当她分发教学用具时，孩子们总是急不可耐地一拥而上。每次老师都会要求孩子们回到座位上，可是下次发东西的时候他们还是会围上来。这位老师断定，这是孩子们不听管教的表现。

通过观察，我发现事实的真相是孩子们想要老师把东西放归原位，让他们自由拿取。对孩子们而言，这是与从前不同的全新体验：物品被摆放得整整齐齐，以往的歪七扭八统统不见。如果有孩子一不小心把水杯掉在了地上，其他孩子会迅速地跑过来收拾玻璃碎片，擦干溅湿的地板。

有一回，一位老师失手打翻了一个方盒子，盒子里装着颜色渐变的八十多块色板。我仍然记得那位老师当下的尴尬无措，因为按照渐变色重新排列色板着实困难。可是，孩子们哒哒地跑过来，在我们惊讶的目光中，用很快的速度将色板摆回原状。这说明，儿童对于色彩的敏感度超乎寻常，远胜于我们。

还有一次，老师放学前忘记锁橱柜，第二天上班又有些迟，当她来到教室后发现，孩子们已经打开了橱柜，围作一团挑选教学用具。有的孩子已经把教学用具从橱柜里拿了出来。老师认定这是一种盗窃行为，学生们肆意妄为，不尊敬老师，无视学校纪律，应当受到严厉的惩罚和训诫。而我的理解是，孩子们已经熟悉了这些玩具，可以自己进行选择。事实也确实如此。

每个孩子都有不同的想法和各自的选择。我们降低了橱柜的高度，将教学用具放在孩子们触手可及的地方，以便他们各取所需。在尊重儿童自由选择的基础上，我们也不妨碍他们的重复练习。自此，孩子们的学校生活更添活力与乐趣。

从自由选择的现象出发，我们观察到了儿童的心理需求和倾向。

有趣的是，孩子不会拿走我们所准备的全部的教学用具，而是挑拣自己感兴趣的几个。他们每次拿的都是差不多的东西，那些不感兴趣的则被弃置一旁，覆满灰尘。

我让老师把无人问津的东西展示给孩子们看，并教给他们使用方法，但孩子们仍然不会主动选择这些玩具。

于是我明白了，在孩子们的世界中，万事万物不但应当井然有序，还要"有其各自的位置"。当混乱与冗杂消除殆尽，兴致与专注便悄然诞生。

21 玩具

尽管学校准备了各式各样的玩具,但孩子们似乎并不关心。我颇感惊讶,于是想拿着玩具和他们一起玩,教他们使用小餐具,和玩具娃娃一起在小厨房里烧火做饭。可是孩子们只表现出了片刻的兴趣,过不了一会儿就觉得索然无趣,默默走开了,从此再也没有主动碰过这些玩具。这让我意识到,对儿童来说,游戏或许只是打发时间的消遣,如果有更重要的事情要做,他们会毫无疑问地放下手中的玩具。这就如同我们成年人在闲暇时会下棋、打桥牌一样,都只是娱乐活动罢了,不必为此推掉其他事情。如果有重要或者紧急的工作要做,人们会自然而然地忘掉牌局;儿童也是一样,他们手头上总有优先安排的紧急的事情。

孩子的每分每秒都弥足珍贵,逝去的每一寸光阴都见证着他的进步。随着儿童的不断成长,他会将注意力放在每一件能够帮助他成长的事情上,而忽视那些无益于他的闲散琐事。

22 奖与惩

有一次，我走进学校便看到一个小男孩坐在教室正中的小扶椅上暗自发呆。他胸前挂了一块花里胡哨的奖牌。老师对我说，这个孩子正在接受惩罚，奖牌是刚刚被老师表扬的另一个孩子给他的。但这块奖牌，无论是对受奖励的孩子来说，还是对受惩罚的孩子来说，都是一块无用的累赘，对他们进行手头上的工作造成不便。

受罚的孩子无畏于他所受到的惩处，他安静地看着四周，并没有觉得羞愧或耻辱。这说明奖与罚对孩子们来说没有意义，但我们还需要长期观察。最终，大量的实验证实了我们最初的想法。孩子们对于奖惩无动于衷，这让老师的面子有些挂不住；更令人惊讶的是，儿童时常拒绝奖励，老师便羞于再给出任何奖赏或惩罚。

儿童从前未有的"尊严感"，此时慢慢觉醒。

23 安静

有一天，在学校的庭院里，我从一位母亲手中接过只有四个月大的女婴，并把她抱到了教室里。小女孩被紧紧地裹在襁褓中，脸蛋胖乎乎、红扑扑的，不哭不闹，安安静静。我不禁为她的恬静而动容，想要与孩子们一起分享这份感受。"你们看，她不发出丝毫声响，"我开玩笑地说道，"你们谁也做不到她这样。"令我惊讶的是，孩子们神情肃穆，直勾勾地盯着我，仿佛深切地领会了我说的意思。"她的呼吸，"我接着说道，"是多么轻柔！没有人能像她一般安静。"孩子们讶异得一动不动，屏住呼吸。一种前所未有的静谧瞬间笼罩了教室，难得听辨的钟表滴答声此刻清晰可闻，就好像这个女婴将平日久违的肃穆气氛带进了教室里。

没有人发出一丝异响。孩子们留恋沉默的空气，因此都暗自噤声，不忍打破这份平静。孩子们的做法并非出于激情，而是发自内心的渴望。激情意味着表现在外的一时冲动，而孩子们的所作所为并非如此。在很长的一段时间里，他们全部一动不动，凝神屏气，如冥想者一般沉静而专注。在良久的寂静中，渐渐地我们听到了一些细微的响动，仿佛从远处传来露水滑落的滴答声和鸟儿婉转的啾啼。

这就是我们所说的"安静练习"的由来。

有一天，我突发奇想，尝试利用安静的环境来检验儿童听觉的灵敏程度：我在不远处低声呼喊他们的名字，被叫到名字的孩子便一言不发地走到我面前。四十个孩子耐心地陪我一起完成了这项测试，我相信漫长的等待一定消耗了他们的体力与精力，于是便准备了一些糖果和巧克力当作补偿，分给每一个向我走来的孩子。但孩子们拒绝了这些甜品，仿佛是在说："不要破坏这安宁的氛围，我们的灵魂仍沉浸在愉悦中，别来搅局！"

我意识到，儿童不仅对安静敏感，而且对安静之中的细弱呼唤声也格外敏感。他们会蹑手蹑脚地徐徐走来，小心翼翼地不碰到任何东西，也不叫任何人听到他们的脚步声。

之后我发现，利用安静的环境阻止儿童发出噪音是一种纠错练习，重复性的纠错练习将帮助儿童培养良好的习惯和合适的举止，而这些仅仅通过言传是难以施效的。

孩子们学着在移动过程中不碰到任何物品，不发出任何声音，因此步子变得轻盈而敏捷。他们满足于自己所取得的进步，兴致盎然地探索自身的潜力，在身体茁壮成长的同时修心炼性，磨炼意志。

我花了很长时间才使自己相信，儿童拒绝糖果的背后另有原因。甜品不像一日三餐一般必需而规律，只是一种零食或奖赏。众所周知，儿童贪食甜品，因此对于孩子们的闪躲我百思不得其解，于是执意再做一次实验。我带了一些甜食分给学生，但孩子们要么拒绝了我，要么将糖果放进外套口袋。我以为这些家境窘困的孩子是想把糖果带回家里，于是我告诉他们："这些糖果是专为你准备的，还有其他的糖果供你拿回家。"孩子们拿了糖果丢进口袋,但还是没有把糖果吃掉。孩子们并非厌弃糖果,反而十分珍惜这份礼物。有一次,班上的一个孩子生病了,老师去看望他,他从一个小盒子里拿出糖果给老师,这颗糖果便是老师在学校里送给他的。孩子小心翼翼地将糖果保存了好几个星期,一直不舍得吃掉。在孩子们中间,这是一种很普遍的现象。当时有不少论著提到过这个现象,好些读者慕名赶来学校,为的是证实这一观点。这是儿童自然而自愿的表现,没有人会要求孩子像苦行僧一般地撇弃糖果,也不会有人突发奇想,横加干预:"小孩子不准玩耍,也不准吃甜食!"当心中有了更高的追求,儿童会自然而然地拒绝这些外在的、微不足道的乐趣。有个人烤了一些几何形状的饼干分给孩子,孩子们没有吃,反而是饶有兴趣地盯着这些饼干说道:"这是圆形!这是长方形!"还有一个惹人发笑的故事也说明了同样的问题,一个穷苦人家的小孩看到母亲在厨房里做饭,母亲拿起一块黄油,他说:"这是长方形!"母亲切下黄油的一角,他又说,"你手里拿的是一块三角形",然后补充道,"那儿还剩下一块梯形"。他就是不说人们平常会说的那句话:"给我一点面包和黄油吧!"

24　尊严

有一天,我想给孩子们上一节有意思的课,教他们如何擤鼻涕。我示范了使用手帕的各种方法，最后，还教他们如何在不引人注目的情况下，偷偷掏出手帕，小声擤鼻涕。孩子们全神贯注地听我讲解，没有一个人分心，我心中不免百般疑惑。等我话音刚落，教室里便爆发出一阵热情的掌声，仿佛是在为谢幕的演员喝彩。我没有料到如此稚嫩的小手竟能掀起一阵音浪。我的脑海中蹦出一个念头，也许我的话触及了儿童有限的社交活动中的敏感点。孩子们不知道如何擤鼻涕，因此常常陷入一种窘迫的境地，他的一生都将为自卑感所困扰。尤其是在人前擤鼻涕的时候，孩子们总是被叫作"小鼻涕虫"，这样的绰号让他们觉得低人一等。人人奚落和责备"小鼻涕虫"，在学校里尤甚，因为用来擤鼻涕的手帕被别针醒目地固定在围兜上，以防弄丢，但从来没有人教给他们如何用手帕擤鼻涕。成年人的羞辱让孩子备感难堪，因此变得格外敏感。而这堂课公正地对待了他们，提升了他们在社交活动中的地位。

通过长期的教学实践，我意识到儿童拥有强烈的自尊感，他们的心灵会受伤、会痛苦、会压抑，这是成年人不可想象的。

我的故事还没有说完，当我上完课准备离开的时候，孩子们冲我喊道："谢谢！谢谢您的这堂课！"我走出教学楼时，孩子们还排着队悄悄跟在我身后，直到我对他们说："快点跑回去吧，小心不要撞到墙角。"孩子们这才转过身，飞一般地消失在我的视线中。我恐怕是触及了这些贫困儿童的敏感之处。

当有人来学校参观时，孩子们表现得大方得体、不卑不亢，他们知道如何亲切有礼地接待来客，展示自己的学习成果。

有一次我接到通知，有一位重要人物来访，他想和孩子们单独待在一起，亲自观察孩子们的活动。我告诉老师不要特地安排："让一切顺其自然。"然后我又对孩子们说："明天你们将会迎来几位客人。我希望他们会觉得你们是世界上最可爱的孩子。"参观结束后，我向老师询问情况，老师回答我："非常成功！有几个孩子搬来椅子，礼貌地向访客说道：'请坐！'还有孩子招呼道：'早上好！'当客人离开时，孩子们趴在窗台上喊道：'谢谢您的来访，再会！'""为什么您要安排孩子们这样做？"我质问这位老师，"我不是告诉过您不要特意安排，让事情顺其自然吗？""我可什么也没对孩子们讲"，老师辩解道。她又继续讲了孩子们比平时更加勤奋地学习，每个人都表现得很好，这让来访者赞叹不已，表示深受启发。

在很长的一段时间里，我都对这位老师的话表示怀疑，于是三番五次地向她询问这件事的始末，我担心她曾特地给予儿童指导。但最终我意识到，儿童拥有自尊心，他们尊重来访者，也愿意骄傲地展示自己最好的一面。我对孩子们说过："我希望他们会觉得你们是世界上最可爱的孩子。"但我敢肯定，不是我的话语促进了他们的行为。哪怕我只是平常地宣布一声"有客人要来"，孩子们也会镇定自若地点点头，彬彬有礼地接待来访者。在我眼里，儿童已然褪去了羞涩，他们的心灵与环境之间没有任何障碍，茁壮的生命如莲花一般吐露细白的花蕊，在阳光下自然地舒展，将开而未开的花苞散发着馥郁的浓香。孩子们在成长之路上一往无前，无需躲藏，无需收敛，无需害怕。如此这般简简单单地长大。

可以说，儿童的从容自信归功于他们迅速而完美的适应环境的能力。

儿童有一颗活泼好动的灵魂，无论何时投去一瞥，总能看到他们在嬉笑跑闹，散发着炽热的精神之光。和他们在一起，成年人心中的郁结也会渐渐消融。孩子用纯真的爱温暖着所有人。许多参观者慕名而来，又带着满满的活力与新鲜感离开。

这些来访者的反应十分新奇。举个例子，女士们穿红着绿，珠光宝气，仿佛在参加某个宴会，期待儿童天真的赞美。当孩子们啧啧称奇时，女士们的虚荣心便得到了满足。

孩子们摩挲着华贵柔软的衣衫，抚摸着芳香细腻的玉手。有一次，一个孩子走到一位服丧的女士身边，将小脑袋靠在她的身上，轻轻地拉起她的手，用自己的双手握住。这位女士动情地说道，从来没有人能像这个孩子一样带给她如此巨大的安慰。

一天，阿根廷大使在总理女儿的陪同下参观"儿童之家"。大使希望不要提前知会他的来访，以便验证之前传闻的孩子们的自发活动。然而，当他们到达学校时，发现正逢假日，学校大门紧闭。院子里的几个孩子看到他们便主动迎上前说："今天是假日，学校不开门，但是没关系。"他的语气十分自然，"因为我们都在这栋楼里，钥匙在门卫那里。"

之后，他们召唤来了其他小伙伴，打开教室的门，开始学习起来。孩子们惊人的自主性再一次得到了验证。

母亲们对于孩子的表现惊叹不已，因此十分信任我，将家里的琐事巨细无遗地讲给我听。

"这些三四岁的孩子"，她们对我说道，"总是说一些叫人恼火的话，如果不是自己的孩子，我一定会发怒的。比如他们说'你的手好脏，洗干净吧'或者'你的衣服脏了，该洗了'。听到这些话从自己孩子的嘴里说出来，我们倒不觉得生气。他们的告诫如此诚恳动听，犹如梦中听闻天使的提醒。"

于是，贫穷邋遢的人们开始注重衣着打扮，窗台上破破烂烂的锅碗瓢盆不见了，取而代之的是灿烂的、探进院子里的天竺葵，澄净的窗玻璃在阳光下闪闪发亮。

25 纪律

尽管儿童的行动自由自在、无拘无束，但总体来说，他们还是给人一种听话自律的感觉。孩子们安安静静地学习，专注于手头上的事情，当他们为了交换材料或者交作业而来回走动时，总是踮起脚尖。他们偶尔走出教室，在院子里张望一下，然后很快回来。执行老师的吩咐时，他们的动作快得惊人。老师说："孩子们很听话，这让我感到必须对自己说出的每一个字负责。"

事实上，当老师希望孩子安静练习时，还未提出要求，孩子们就会乖乖照做。

然而，这种表面上的服从并没有妨碍儿童的独立活动，他们仍然按照自己的喜好安排一天的日程。孩子们选择自己需要的材料，并且把教室收拾得一干二净。如果老师来迟了，或者暂时离开教室一会儿，一切依旧如常进行。这就是最吸引参观者的地方：儿童将纪律性、秩序感和自主性完美地结合在一起。

即使是在四下无人的静谧里，孩子们依旧循规蹈矩，是什么力量让他们养成了这种习惯？他们这般严于律己，又是为了什么呢？

当孩子们一心一意地学习时，教室里充满了令人感动的沉静气氛。此刻的沉静是自然而发的，没有外在的力量能够营造这种气氛。

或许，这些孩子就像星星一般，在自己的轨道上永不疲倦、永不偏离地闪耀着。儿童天性中的自律，是万物法则的特殊表现。这种法则曾在古老的赞美诗中提到过，是人类失落的美德。在外在原因的催促下，人们出于天性的纪律感，迅速制定了其他法则，这些法则串联成了社会秩序。这就是纪律的奇妙之处，它似乎包容万物，越是探索，越能发掘其奥妙。只有将秩序与纪律紧密结合，才能到达自由的境界。

26　教学伊始

书写与阅读

某天，有两三位母亲找到我，代表自己和其他家长，恳求我教她们的孩子读书写字。这些妇女都是文盲。我百般推辞，因为教孩子们识字为时尚早，但在她们的一再坚持下，我还是应了下来。

没想到出人意料的事情发生了。我打算教四五岁的小朋友认识字母表，于是拜托老师用硬纸板和砂纸剪出字母的形状。我叫学生用手指顺着字母的曲线，感受书写的方式。然后，我把这些字母敛到一块板子上，又把形状相似的放在一起，这样孩子的小手就会以同样的方式抚过字母。老师认为这样的教学安排十分合理，便高兴地遵照我的意思去做了。

然而我们搞不懂，孩子们为何如此激动？他们排成一队，把字母像旗帜一样高高举起，开心地喊叫着。这到底是为什么？

一天，我惊讶地看到一个小男孩一边走路一边重复道："要拼'Sofia'，需要一个S，一个O，一个F，一个I和一个A。"他默念着五个字母，执意把它们拼成单词。实际上，这个孩子的头脑里正在做研究分析，他在寻找这个单词的发音构成。在兴趣的指引下，他发现每一个读音都对应着一个字母。事实也的确如此，字母不就是语音和符号的对应吗？语言是我们讲的话，与之相对的便是翻译到纸面上的东西。书面语言和口头语言的平行发展标志着前者的进步。起初，书面语言是从口头语言中淬炼出来的，就像滴滴水珠最终汇成一条泾渭分明的河流。

书写是一把钥匙，是已经揭开的秘密，它使人类的文明财富翻了一番。在不知不觉间，人类的双手掌握了一种和说话同样重要的技能，那就是创造出一种崭新的语言，将美妙的语言如实展现在笔端。脑袋里想的，便是手头上写的。

手作为不可或缺的工具，是书面语言形成的第二推力。但语言可能会坠落、会粉碎，因为溪流终究是由水滴汇成。

书写的出现是文字发展的必然结果。为了能够正确地书写，人们必须认认真真地描摹文字符号。一般而言，文字符号很容易描绘，因为它们只代表特定的语音，除此之外别无他意。然而，孩子们自学写字之前，我并没有意识到这一切。彼时，"儿童之家"里的奇迹正在悄然上演。

第一个学会写字的孩子不禁兴奋地大喊："我会写字啦，我会写字啦！"其他孩子饶有兴趣地凑上前去，看着他们的同学用白粉笔头在地上一笔一画地写字。"我也会，我也会！"这群孩子一哄而散，纷纷去学习写字去了。有些人挤在黑板旁，有些人趴在地上。一切仿佛平地惊雷，书写学习就这样轰轰烈烈地展开了。

孩子们学习写字的热情一发不可收拾，他们到处写写画画，门上、墙壁上，甚至家里的面包皮上都留下了他们的字迹。这些孩子只有四岁左右，但他们所展现的书写才能却格外惊人。老师对我说："这个小男孩昨天下午三点才开始学习写字。"

我被眼前的奇迹惊呆了。许多知名的成功人士曾为学校捐赠过附有精美插画的书籍。我们将这些书分发给孩子，不料遭到了冷遇。插画美是美，但只会叫孩子们分心，他们眼里只有一件事：写字。或许孩子们以前没有见到过这些书，很久以来我们试图唤醒儿童对于阅读的兴趣，但是要他们理解阅读的含义是不可能的。因此，我们抛下这些书，等待一个更为恰当的时机。孩子们不喜欢阅读手写的东西，很少有孩子对出自他人笔下的文字感兴趣，这很可能是因为他们大字不识。当我们大声朗读出孩子们所写的东西时，他们会惊讶地扭头看着我们，仿佛在问："你是怎么知道的？"

大约六个月之后，孩子们理解了"阅读"为何物，原因在于他们将写字与阅读结合了起来。每当我在白纸上涂涂写写的时候，孩子们的视线便追随着我手上的动作，意识到我是在像说话一样表达自己的思想。清楚了这一点之后，孩子们抓过我写字的纸拿到角落里阅读，他们没有出声，只是在心里默念。每当理解了那些字的含义，因为冥思苦想而皱皱巴巴的小脸会立刻绽放笑容，孩子们一跃而起，仿佛身体里紧压的弹簧突然弹开。我写下的句子都是平常口头上的"指令"，"打开窗户""到我面前来"，等等。孩子们由此开始学习阅读，慢慢地他们就可以读懂更长、更复杂的句子了。在我看来，孩子们单纯地认为，书写就是把要说的话写下来，它同说话一样，不过是人与人之间交流的另一种方式而已。

以前有来访者时，孩子们总是叽叽喳喳地夹道欢迎，如今他们变得安分而平静，只是起身在黑板上写下"请坐，感谢您的到来！"等等。

有一回，我们在谈论西西里岛发生的天灾，这场地震几乎摧毁了整个墨西拿城，成千上万的生灵遭遇劫难。这时，一个约莫五岁的小男孩起身走到黑板前写道："我很遗憾……"我们本以为他会表达对于灾难的悲痛之情，然而他写的是："我很遗憾我只是个小孩。"这让人有些摸不着头脑，但小朋友接着写道："如果我是大人，我就会去帮助他们。"这个孩子写了一篇小文章，展现出他的仁善之心。而他的母亲只不过是一个挎着篮子，沿街兜售草药的小贩。

之后还发生了一件令人惊讶的事情。当我们准备材料教孩子们认识印刷体字母的时候，他们已经开始阅读学校里所有能找到的印刷品了，而且其中有些字母很难辨认，比如日历上的哥特体字母。与此同时，孩子的父母告诉我，和孩子们一起逛街的时候，他们总要停下脚步辨读商店的招牌，想要轻松地溜达溜达真是件难事。显然，孩子们感兴趣的是单词的含义，而不是字母本身。他们看到不一样的写法，便要绞尽脑汁，通过其中一个字的含义搞懂整句话的含义。是直觉促使孩子这样做，好比成年人辨认岩石上雕刻的史前文字一样，猜出符号的含义就证实了神秘文字的破译。这就是孩子们热情不褪的原因。

倘若我们急不可耐地教孩子们认识印刷体字母，就可能扼杀他们探索未知的兴趣和愿望。过早地强求孩子读书识字，结果可能适得其反，追求这些并不是很重要的东西会浇灭他们的活力与热情。因此在很长一段时间里，学校里的书籍都被束之高阁，等到晚一些时候，孩子们才渐渐开始接触书本。一次有趣的事件开启了孩子们的阅读之路。一天，一个孩子兴奋地跑来学校，手里藏着一张皱皱巴巴的小纸条。他神秘地对小伙伴说："猜猜看这张纸条上写了什么……""什么也没有，就是一张破纸条。""才不是呢！是一个故事……""上面写了一个故事？"听到这番对话，许多小朋友都好奇地凑了过来。这个孩子拿着一张从垃圾堆里捡来的小纸条，念了一个故事。

于是，孩子们理解了书本的意义，从此以后，书籍变成了抢手货，但很多孩子遇到喜欢的片段，就把书页撕下来带走。可怜的书呀！他们对于书籍的青睐演变成一场灾难。平素的井然有序一卷而去，我们必须为这些"为爱痴狂"的小手套上纪律的镣铐。在儿童能够阅读图书、尊重书本之前，我们已经教会了他们如何拼写，他们写得非常好，完全可以和普通小学的三年级学生相媲美。

27　心理状态对生理状态的同步影响

在学校期间,我们没有特意关照过儿童的身体健康,但现在没有人能从孩子们红润饱满、生机盎然的脸庞上看出,他们曾经营养不良、患有贫血症,迫切需要食物和医药。如今,这群孩子健健康康,仿佛灿烂的阳光和新鲜的空气赋予了他们活力。

的确,如果心理的压抑会抑制新陈代谢,使人丧失活力,那么反之亦然,也就是说,积极的心态可以促进新陈代谢,提高身体机能。我们对儿童所做的一切可以证明。在今天看来,这种观点已经不足为奇,但在当时却引起了轩然大波。

人们将这些现象称为"奇迹",有关"儿童之家"的报道铺天盖地,媒体大肆渲染这一神奇的教育成果。小说家们提笔撰文,将孩子们的故事写进书里,虽然他们讲述的是亲眼所见的事实,但读起来却像是发生在另一个世界的陌生故事。人们纷纷议论着奇迹,议论着人类心灵的重大发现,甚至时不时地引用孩子们的对话,与之有关的最新出版的英语书籍叫作《新儿童》(*New Children*)。其他国家的客人们(尤其是美国人)远道而来,专程来验证他们所听说的奇闻。一月六日是我们学校的校庆日,孩子们已经将这天读到的故事背诵得滚瓜烂熟:"抬起你的目光,看看四周,所有人聚集于此,都是为你而来。他们翻山越海,来寻求你的帮助。"

28　结果

简短地阐述了一些事例和感受之后,我们发现了一个永恒的问题,那就是"方法"。没有人知道,究竟走哪一条路才能抵达终点。

这就是关键所在。

其实,我们看不到所谓的方法,只能看到儿童的一系列举动。我们看到儿童的心灵摆脱了桎梏,依照自己的天性自由行动。儿童身上隐隐约约的特质是生来即有的,如鸟儿的彩羽、花朵的芬芳,与"教育方法"毫不相干。但显然,我们可以通过教育的手段影响儿童的自然个性,保护他们的成长,挖掘他们的潜力。

教育儿童好比种植花朵,园艺家的巧手能赋予花朵本身不具备的色彩或香气,或者将花朵栽培得更加美丽馥郁。

在"儿童之家"里,我们捕捉到了儿童的自然心理特征,尽管这些特征不如植物的自然特征那样明显。因为儿童的心理脆弱易变,在不恰当的环境里,某些特征会直接消失或者被其他特征取代。因此,在开展一项教育活动之前,有必要先创造一个适宜的成长环境,有益于发展儿童隐藏的天赋。我们所做的一切只是为了"扫清障碍",而这应当是教育的基础。

因此,我们不应该将注意力过多地放在儿童固有的特征上，而是应当首先发掘儿童的天性，然后再帮助他自然成长。

倘若我们仔细研究那些在偶然之间影响了儿童天性发展的条件，就会发现其中的某些条件格外重要。

第一个条件是为儿童提供愉悦的生活环境，让他们能够无拘无束地成长。整洁的教室，为儿童专门定制的崭新的小桌子和小扶椅，洒满阳光的院子和茸茸的小草坪，对于来自贫贱之家的孩子们来说，这样的环境让他们感到非常满足。

第二个条件是成年人的"消极"品质。孩子们的父母是文盲，老师是既不带有先入为主的偏见，又不怀有一丝功利之心的女工。我们不妨将这种情形总结为"静中自有大智慧"。

人们总是说教育者应该保持冷静，这种冷静被看作是一种性格、一种气质，但它实际上应该是更加深沉的东西：一种四下皆空的心理状态，一颗澄澈透明的魂灵。教师应当具备"谦逊的精神"，只有这样才能靠近纯粹的智慧，理解儿童的所思所为。

第三个重要条件是为儿童提供科学的、恰当的、有吸引力的、能够完善其感官教育的学习材料。孩子们可以借这些材料发展自己的分析能力和运动能力，学会集中心智，而老师即使扯着嗓子千叮咛万嘱咐，儿童也未必听得进去。

我们就此得出结论，儿童成长必备的外在条件有三个：适宜的环境，谦逊的师长，科学的学习材料。

现在，我们来瞧瞧儿童的反应。

最令人惊叹的是那些需要手脑并用的动作，我们从中看到了儿童的内在冲动，比如"重复练习"和"自由选择"，它们就像法杖一般，轻轻一敲便敲开了儿童天性之门。孩子们乐此不疲地进行着这些活动，他们的心灵借由这些活动新陈代谢，维系生命，发展自我。儿童的选择为我们的教育指明了方向。他们热切地响应某些测试，比如"安静练习"；痴迷于那些能够带来正义感与荣誉感的课程，如饥似渴地消化了那些有益于其心智发展的内容。但是，奖品、玩具、糖果之类的东西他们一概拒绝。此外，他们还需要秩序与纪律的约束。但他们终究只是孩子：活泼、真诚、兴高采烈、蹦蹦跳跳；开心的时候大喊大叫，用力鼓掌；他们跑来跑去，大声地送上问候；他们不吝于表达感谢，鞍前马后地报答帮助自己的人；他们亲近所有人，爱所有事物，适应世上的一切。

我们可以列出两张表，一是孩子喜欢的东西和自发的行为；二是孩子排斥的东西，这些东西让他们觉得是在浪费时间：

1.喜欢的东西：

重复练习

自由选择

控制错误

运动分析

安静练习

社交活动中得体的举止

井然有序的环境

良好的个人卫生

感官教育

独立于阅读的书写

先于阅读的书写

不需要书本的阅读

自由活动中的纪律性

2.排斥的东西：

奖赏与惩罚

拼音课本

集体课[1]

教学计划和考试

玩具和零食

教师讲台

  毫无疑问，我们能从以上清单中看出教育方式的大致轮廓。总的来说，儿童已经为我们提供了积极的、可行的甚至经过检验的教育方式，教育体系的建构必须遵从儿童的选择，儿童的自然活力可以控制错误的发生。

  在之后建立教育体系的过程中，我们根据以往的经验，将以上罗列的教学方针原封不动地保留了下来。这让我们想到了脊椎动物的胚胎。胚胎中有一条模糊的线，即尚未发育的脊柱。我们不妨做个对比。胚胎中的脊柱线条分为三个部分：头部、胸部和腹部，脊椎骨井井有条地发育，最终形成完整的脊柱；同样地，教育体系也有一条主线，可以划分为环境、教师和教学材料。教学关键点如同脊椎骨一样，按照科学的方法慢

---

1 这并不意味着"儿童之家"里没有集体课，但集体课不是教学的主要方式，只有在讨论议题和特殊活动时，我们才会开展集体课。

慢推进，最终就能收获完善的教学系统。

亦步亦趋地追踪教育体系的演变过程是一件不乏趣味的事情，可以说，教育系统的演变是人类社会中儿童引领的第一项事业，参照儿童的喜恶而制定的教育方针头一回应用到了现实中。我们将教育方式取得的一系列可喜的进步称为"演化"，因为它会随着环境的发展而不断产生新的特征。虽然环境是由成人打造的，但儿童在成长过程中展现出新的特点时，环境会给予其正面的、积极的回应。

我们的教育体系以惊人的速度传播至世界各地，适用在不同出身、不同种族的儿童身上。如此一来，我得到了丰富的实践素材，可以从中挖掘共同的特点和普遍的规律，进而总结出儿童教育的自然规律。

有趣的是，以第一所"儿童之家"为蓝本的学校，遵循了相同的治学态度：在儿童做出自发的反应之前，绝不采取外部手段横加干涉。

第一批"儿童之家"建于罗马，其中有一所给我留下了深刻印象，这所"儿童之家"的情况和我们最初的几间学校有所不同，因为它收容的孩子是墨西拿大地震后幸存的孤儿——残垣断壁中奄奄一息的六十几个孩子。他们不知道自己的名字，也不知道自己的出身。天崩地裂的灾难让他们变得失落、沉默、心不在焉，茶饭不思，难以入眠。夜幕降临时，总能听到孩子的哭号。仁慈的皇后十分关心这些不幸的孩子，于是下旨为他们打造一个温馨小窝。新家里配备了五花八门的小家具：彩色遮帘的小橱柜，颜色鲜艳的小圆桌，高度略高、颜色略浅的小方桌，普通椅子还有小扶椅。以及可爱俏皮的小餐具：

小盘子、小刀叉、小餐巾，甚至还有小手专用的小毛巾和小肥皂。

在这方崭新的小天地之间，随处可见精美的装饰物：墙壁上挂着画，房间四处摆着花瓶。安置孤儿的场所是方济各会修女的修道院，这里有广阔的花园、宽敞的走廊、郁郁葱葱的草木，还有几方池塘，池水中游动着鲫鱼、魟鱼……修女们身穿灰白的长袍，罩着宽大而肃穆的头巾，做事时安宁而平静。

修女们耐心地教授儿童礼仪，一天天地，孩子们的举止愈发规矩。许多修女出身于上流阶级，俗世的条条框框虽然已是前尘往事，但稍一回忆，便又记起。这恰好满足了儿童如饥似渴的向学之心。

用餐时，孩子们个个都是王子公主；帮忙端菜时，他们又成了宫廷侍从。他们享用餐饭并不是因为被食物吸引，而是因为守时的观念、不断积累的知识和井然有序的动作，渐渐地他们的胃口变好了，睡觉也愈发香甜。这些儿童身上的变化令人大吃一惊。他们蹦蹦跳跳，一会儿将玩具拎到花园里，一会儿把家具拖到小广场的树下，一点儿磕磕碰碰都没有。他们的脸上一扫阴霾，洋溢着快乐和幸福。

第一次有人提出了"皈依"这个概念。"这些孩子仿佛找到了皈依"，彼时一位著名的意大利女作家讲道，"没有哪种皈依能像他们的一样，奇迹般地跨越忧郁和压抑，来到更高的生活层次之上。"

"皈依"的概念为无法解释的现象提供了一种思路，并且给许多人留下了深刻印象，尽管这一概念有些自相矛盾，因为儿童天真无知的状态与"皈依"的含义两相对立。但在这里，

"皈依"指的是精神状态的变化，它使儿童摆脱了痛苦和怨艾，重生为快乐的灵魂。

如果我们把悲伤和怨怼视为生命的阴翳，那么内心重回快乐与澄净就意味着皈依。于是，悲伤和怨怼消弭于无形，快乐与澄净取而代之。

这就是发生在儿童身上的事情：他们宛若新生，走出了悲伤，拥抱了快乐，因为受到鼓励而克服了许多心理障碍。但与此同时，某些普遍意义上的优点也消失不见了。这着实令人迷惑。出了错就势必要推倒重来，人亦是如此。改变错误的方法只有一个，那就是回到创造的原点。

我们学校里的那些生活困窘的孩子，倘若没有展现出这复杂的一面，就无法使我们区分出儿童个性中的善与恶，因为善恶的评判标准捏在成年人手中，儿童要是做了成年人觉得恰当的事情，那就是听话乖巧，反之亦然。成年人不公正的评判掩盖了儿童的天性。在成年人的世界，孩子是陌生的、透明的，好与坏的界限如此模糊而苍白。

29 娇生惯养的儿童

还有另外一种孩子，他们生活在特殊的环境下，那就是富家子弟。人们或许会以为，相对于第一所"儿童之家"中收容的贫困儿童和地震中幸存的孤儿，教育这些富家子弟应当更容易。那么，他们的皈依发生在何种情况下呢？出身高贵的孩子心安理得地享受着优渥的物质条件，但有关他们的种种印象只是先入为主的偏见。为了澄清事实真相，我决定花上几页文字来谈一谈。我们在欧洲和美国分校的老师向我简述了他们在教育富家子弟时初遇的一些困难。

莺飞燕舞、锦花绣草在富家子弟的眼中不值一提，他无意漫步于悠长的花园小径，对贫困儿童钟爱的教具也没什么兴趣。

老师们十分迷惑，感到不解：原先准备的满足孩子们基本需求的东西都被丢弃一旁。

倘若是贫穷的孩子看到这些玩具，一定会一哄而上；但富有的孩子看厌了更加稀奇的玩意儿，面对我们提供的教具自然提不起精神。一位来自华盛顿的老师G小姐曾写信给我："孩子们总喜欢从别人手里抢东西，如果我给一个孩子展示某样东西，其他孩子就会丢掉手中的东西，吵吵闹闹地围上来。当我讲解完使用方法后，孩子们争先恐后地伸手来抢。孩子们对玩具丝毫不感兴趣，他们只是匆匆地拿起一个又放下，没有片刻的留恋。他们没法老老实实地坐着，摸一摸我们准备的小玩具，旋即又扔在一旁。很多时候，孩子们的行动没有目标。他们四处乱窜，一点儿不顾及周围的东西，碰歪桌子，掀翻椅子，脚踩教具；像狗熊掰玉米似的，拿起一件丢掉一件。"

来自巴黎的老师D小姐也写信对我说："我不得不承认，我的教学经历令人沮丧。孩子们很难将注意力放在一件事上，往往只用功几分钟就溜走了。他们没有毅力，缺乏主动性，有时像一群小羊一样紧跟着彼此。当一个孩子拿了一件东西，其他孩子也争相效仿。他们时不时地在地上滚来滚去，踢翻椅子。"

一所位于罗马的贵族学校向我们简洁地描述道:"纪律是我们最关心的问题。孩子们把手上的工作搞得乱七八糟,而且拒不接受老师的指导。"

但制定纪律之后,情况发生了好转。

华盛顿的老师G小姐又写信告诉我们:"几天之后,悬浮粒子组成的星云(指的是不守规矩的孩子)开始成形。孩子们似乎有了方向,开始对以前不屑一顾的玩具有了兴趣,这种兴趣导致了独立个性的显现。当孩子将全部的注意力放在某件东西上时,他就很难被其他事情吸引,也不会关心其他孩子在做什么。"

"当孩子最终发现某样特殊的东西,能唤醒他身体里沉寂的热情,那么我们的努力总算有了回报。这种热情有时会毫无征兆地降临。一次,我试着用几乎所有的教具挑起孩子的兴趣,但他连眼皮都懒得抬。当我偶然间拿出红色和蓝色的两块色板让他区分时,他急不可待地夺过色板,在短短的一节课上便认识了五种颜色。渐渐地,在之后的几天里,他对以前瞧不上的所有东西都产生了兴趣。"

"有一个小男孩原先无法长时间地集中注意力,但自从对最复杂的教具之一'长度尺'产生兴趣之后,他连续玩了一个星期,并学会了简单的加法。再后来,他玩会了那些更为简单的教具,比如积木,最终慢慢地喜欢上了所有玩具。"

"儿童一旦找到他们感兴趣的东西,混乱的心神就会安定,流浪的思绪就会归来。"

这位老师还讲了一个如何唤起儿童天性的故事。

"有一对姐妹,妹妹三岁,姐姐五岁。妹妹没有什么主见，天天跟在姐姐身后。姐姐有一支蓝色的铅笔，妹妹也吵着要买一支一样的；姐姐吃黄油面包，妹妹就只吃黄油面包，其他什么都不吃，还有许多类似的情形。小女孩对学校里的一切都不感兴趣，只是亦步亦趋地跟着姐姐，模仿姐姐的所有行动。有一天，小女孩对粉红色的积木产生了兴趣，她一遍又一遍地将积木叠成宝塔，完全将姐姐置之脑后。她的姐姐感到十分惊讶，便喊住她问：'我在涂圈圈的时候你为什么在叠宝塔？'从这一天起，小姑娘找到了自己的个性，开始独立地成长，不再是姐姐的一个影子了。"

　　D小姐还讲述了一个四岁女童的故事。这个孩子每次端水的时候都会把水洒出来，即使只有半杯水也是同样。因此，她千方百计地避免做这件事，因为自知做不好。然而，当小女孩对另一项练习感兴趣并且成功完成之后，她再也不害怕端水了。小伙伴们画画的时候，她忙前忙后地送水，而且一滴水都没有洒出来。

　　澳大利亚的老师B小姐谈到了另外一件非常奇妙的事情。她的学校里有一个小女孩不会说话，只能发出一些模糊不清的音节，女孩的父母对此非常担心，甚至带她看过医生，想检查她是否智力迟钝。某天，小女孩爱上了积木，她花了大把时间将圆柱形的积木从槽里抽出又插入，一遍又一遍开开心心地重复着这个游戏，然后她跑到老师面前说："过来看呀。"

　　D小姐又来信讲道："圣诞节假期结束后，我发现学校里发生了很大的变化。我没有做任何事情，但教室却变得井然有序。孩子们都在专心做事，不像以前那般乱哄哄的。他们自己走到橱柜前，挑选那些以前不感兴趣的教具。教室里洋溢着学习的氛围。以前孩子们都是一时兴起去拿玩具，现在他们会根据内在的需求做选择。他们把注意力集中在一些精密的工作上，享受克服困难后的满足感。这种宝贵的体验对他们的性格产生了直接的影响。他们成为了自己的主人。"

有一个四岁半的孩子给D小姐留下了深刻的印象。这个小男孩想象力丰富，当他拿到某样物品的时候，总是将这个物品拟人化，不断地和它讲话，而无法将注意力集中在物品上。因为思维的涣散，小男孩不能完成诸如扣纽扣这样精确的动作。但突然之间奇迹降临："我对这个孩子身上所发生的变化感到吃惊，他着迷于一项练习，继而喜欢上了其他练习。性格从此安定下来。"

在采用我们的教学方法之前，老师们反映的问题无休无止地重复发生，并且趋于一致。类似的情况、类似的困难，虽然程度减缓，但几乎发生在所有父慈母爱的书香门第之中。物质生活优越的儿童精神世界却十分贫乏。

倘若孩子们走出了困境，克服了困难，那么这种现象就被称作"皈依"，这是童年的一大特征。"皈依"是一种迅速的、有时甚至转瞬即逝的变化，发生的缘由常常相同。所有例子都说明，当儿童专心致志地完成一件有趣的任务时，就可能出现"皈依"的现象。具体表现为：儿童狂热的情绪渐渐平静，压抑的心思得到释放，他们遵守纪律，专心做事，在成长的道路上奋力奔跑，内在的力量找到了出口，表现在外在的行为上。

这种突然固定的个性预示着孩子未来的成长，也具有一定的爆炸性。我们可以将其比作儿童长出的第一颗牙齿，或者迈出的第一小步。长出第一颗牙齿之后，其他牙齿也相继萌发；讲出第一个词语之后，渐渐就学会了开口说话；迈出第一小步后，便永远地走在了路上。倘若少了成年人的细心呵护，所有的孩子，无论什么出身，都将在成长的大道上止步不前，或者干脆选择一条错误的岔路。

我们在世界各地开设了分校，招收了各个种族的孩子，事实证明"皈依"是发生在童年时期的普遍现象。倘若我们依靠数量巨大的样本做一个细致的研究，就会发现儿童旧的品质消失了，新的品质取而代之。因此，在生命的最初阶段，一个小小的错误都会无限放大，最终造成心理畸变。

请读者注意，在儿童的皈依阶段，存在一个心理治疗的过程，即重返正常的过程。孩子们聪慧早熟，能够克服自身的狭隘与痛苦，找到从容生活的力量；他们宁可井然有序地工作也不愿意无所事事地消磨时光；这就是一个正常孩子应有的模样。大量的教学经验已经证实了我们称作"皈依"，即"正常化"的存在。健康是人类的根本，是天赐的礼物，追求健康是人类的本能，但我们往往习以为常，浑然不觉。

但"皈依"的种种迹象是切实存在的，或许成年人身上也会出现同样的特征，但这种变化十分困难，以至于无法被视作简单的复归天性。

然而，在儿童身上正常的心理品质可以轻易地生根发芽。到那时候，一切扭曲的情绪都会消散而去，如同大病痊愈恢复健康。

如果我们能带着这样的理解去观察儿童，就会更快地认识到，即使处在恶劣的条件中，"正常化"过程也会自发显现。

成年人既意识不到，也帮助不了儿童走向"正常"，但儿童的心理健康仍能重回正轨，正如生命之力突出重围，占领上风。

儿童宽恕了成年人的压迫，回归正常的心理状态并茁壮成长。可见，"正常化"不是童年时期的一段坦途，因为这种现象的特征统统坠入暗影，但它是儿童对持续性压迫的奋起抗争。

30 教师的心理准备

如果一位老师仅仅将掌握基本的教学知识看作工作任务，那么他就大错特错了。在开展教学活动之前，老师应当作好充分的思想准备。

教学的重中之重是观察儿童，老师们不应局限于教育方法等理论知识的研究。我们强调老师应该做好心理准备，经常性、规律性地分析自己，发现并克服自身根深蒂固的缺点，免得因为这些缺点阻碍了老师与学生之间的关系。为了发现隐藏在思想意识中的顽疾，我们需要外界的"指点"，也就是由旁人找出我们应当看到的自身缺陷。

这样看来，教师应当是"挑刺"的行家。他们过分计较"儿童的偏执"，千方百计地"纠正儿童的错误"，坚持"生来有罪论"。但实际上，他们应当开始思考自己的缺点和坏习惯。

"只有撇掉自己眼中的沙粒，才知如何扫除儿童眼中的尘埃。"

老师要做的心理准备不是普遍意义上的准备,也有别于宗教意义上的"尽善尽美"。作为人师,不必苛求"完美无缺"。即使是一个不断提升自我修养的人也难免有缺陷,这些缺陷致使他无法理解儿童的行为,因此必须有人指出我们未经察觉的不足之处。如果我们想要教书育人,就要做到虚怀若谷,从谏如流。

我们给予教师指导,帮助其调整精神状态、适应工作节奏,就像医生道清病因一般,我们向老师提出建议:"无法克制的愤怒是妨碍我们理解儿童的最大敌人。"

错误往往不是孤立的,而是与其他错误共存共生的。与怒火相伴的另一个敌人是傲慢,它披着"尊严"的外衣招摇撞骗,实际上阴险狡诈,如恶魔一般。

改正错误倾向有两种办法:一种是依靠内在的力量,与自身显而易见的缺点作斗争;另一种是依靠外界力量戒掉坏习惯。外界的反馈非常重要,旁人的指点能敦促我们思考自己的不足,战胜自身的傲慢。在豁达的环境中生活,人便少几分贪婪;在舆论的压力下做事,怒火就不会轻易发泄;谋生需求击败了偏见,社会成见克制了淫欲,难有余裕防止了挥霍,自尊自强抵过了妒恨。外界因素时刻为我们敲响警钟,社会关系帮助我们保持平稳的心态。

尽管如此,我们很难屈服于来自社会的压力。比起虚心接受他人的指教,我们更乐意"自省",承认错误更加让人羞愧难当。当不得不纠正自己的错误时,我们会为了维护自尊而装作别无选择的样子。举一个小小的例子:每当我们求而不得时，就会托词"不喜欢"。我们总是用谎言应付忠告，而不是完善自我。如同在战争中，单打独斗的战士会寻求盟友，个人的力量在集体的支持下突飞猛涨。那些有着相同缺点的人会本能地寻找同伴，渴望在集体中获得力量。

我们常常以崇高的志向和义不容辞的责任来掩盖自己的缺点，促使我们纠正错误的外界力量越薄弱，我们就越容易编造借口粉饰太平。

当有人诚实地指出我们的错误时，我们总是不予以重视。我们不是在维护自己，而是在宽容自己犯错，冠冕堂皇地给一切过失扣上"必须""责任"的帽子。渐渐地我们说服了自己，将谬误当真理，在歧路上越走越远。

教师以及所有儿童教育从业者都应当将自己从错误观念中解放出来，因为他们的职业不容许这些错误的发生。傲慢与易怒是普遍存在于教师当中的坏习惯。两者之中，易怒尤甚，而傲慢又为易怒戴上了名为"自尊"的面具，甚至要求得到尊重。

易怒最容易招致他人的反感，因此我们需要控制自己的脾气，枉顾后果宣泄怒火的人，最终会羞愧于自己的所作所为。

改正缺点并不是一件难事，实际上既简单又明朗。我们面对的是儿童，他们不懂得保护自己，也不理解我们的话，但无论我们说什么，他们都言听计从。儿童承受着我们带来的伤害，甚至在我们的无端责骂中自惭形秽。

教育工作者应该深刻反思儿童的不堪处境。孩子们不可能依靠理智认识到自己所受的不公正待遇，但他们的确感受到了压迫，因此变得郁郁寡欢，心态扭曲。胆怯、撒谎、任性、毫无理由的哭闹、失眠……这些都是儿童的潜意识中自我保护的应激反应，他们的智力还不足以理解自己与成年人之间的矛盾。

愤怒并不仅仅意味着暴力行为。经过巧妙的加工和掩饰，人的原始冲动还会以其他形式表现出来。

举个最简单的例子：成年人往往在遭遇儿童的反抗时大发雷霆。而后，但凡儿童有任何卑微的愿求，成年人都会摆出傲慢的态度，颐指气使，独裁专横。

成年人的专横没有任何商量的余地：成年人认为儿童就应当听从指挥，而长辈的权威毋庸置疑。质疑这种权威，就是侵犯成年人神圣的权利。就像在早期社会，专制暴政代表了神权，对儿童来说，成年人也如高高在上的神一般，所言所行不容置喙。儿童应当保持沉默，强迫自己适应周围的一切。

即使儿童表现出反抗，这种反抗也很难称得上是直接而有意的反应。它更多的是一种自我保护的本能，或者潜意识中对于精神压迫的抗争。

儿童一天天长大，也逐渐学会如何表达自己的不满。然而道高一尺魔高一丈，成年人的管教手段也花样翻新，他们会用复杂而迂回的说辞让儿童相信，自己所做的一切都是为了他们好。

一方面，儿童应当尊敬长辈；另一方面，成人自封权力责罚儿童。大人根据自己的意愿对儿童的生活指手画脚，践踏蹂躏。为自己的需求而呐喊，为自己的权利而抗争的儿童被打上"叛逆"的标签，成为大人眼中的"危险分子"。

成年人的教育方式如同古代官府的暴行，只许州官放火，不许百姓点灯。人们相信所有一切都是君王的赏赐，就像儿童认为自己拥有的一切都是大人的给予。难道不是成年人为他们树立了这种观念么？

成年人自诩造物主，傲慢地以为自己创造了儿童的一切，让儿童变得聪明、善良、虔诚，为儿童敞开世界的大门，让他们融入环境，与人沟通。多么了不起的壮举！成年人在自己眼中即是真善美的化身，当然拒绝承认暴政的存在。的确，哪个暴君会承认自己对臣民施以折磨呢？

一方面，我们要求老师具备自省的能力，摒弃专制独裁的做法，扫除心中的愤怒和傲慢，学会谦卑与宽容。这就是老师应当拥有的精神品质，是从容心态的支撑点。我们对老师提出的种种要求，既是起点，亦是终点。

另一方面讲，这并不意味着我们对儿童的行踪不闻不问，或者对他们的做法不置一词，甚至任其自行发展智力与感知。相反，作为一名教师时刻不能忘记自己的职责是教育。但必须谦恭谨慎，不带一点先入为主的偏见。

但凡成年人能够做到的、应该做到的教育，都不应该畏手畏脚。而那些阻碍我们理解儿童的态度和思想，都应该彻底摒除。

31 畸变

经过观察我们发现，在正常化的过程中，几乎所有被认为是属于童年的特征都消失了。这不仅包括所谓的缺点，比如散漫、叛逆、贪吃、自私、易怒、任性、兴致寥寥；还包括一些儿童的优点，比如想象力天马行空、喜欢听故事、黏人、百依百顺、爱玩爱闹等等。甚至一些科学研究认为独属于儿童的特质也一并消失无踪，比如模仿、好奇、无常、注意力涣散。这说明，人们迄今为止所了解的儿童天性只不过是一种表象，它掩盖了儿童真正的原始本性。这一误会的存在是如此普遍，因此事实真相解开后，人们不免感到吃惊。但这并不是什么新鲜事，早在古时候，人们便意识到了自身的双重本性：一种是天赐人格，一种是堕落人格；堕落人格即"原罪"，它本身微不足道，但却造成了极其严重的后果：剥夺创造精神，偏离万物法则。从此以后，人就仿佛偏离航道的小舟，随波逐流，无力抵抗环境中的障碍和思维上的错觉，最终迷失自我。

上述观点是人生哲学的概括，它在儿童的特殊而富有启发性的表现中得到了印证。

即使是微不足道的小事也能导致儿童的畸变，这种畸变是隐晦而微妙的，常常被冠以爱和帮助的名目。但归根结底，一切源于成年人的盲目无知和遮遮掩掩的自利自私，这股势力如恶魔一般地迫害着儿童。然而，儿童总能重新焕发活力，沿着正确的成长道路一往无前。

倘若"正常化"过程中有明确而唯一的必经之路，即专注于某项活动，建立与外界的联系，那么我们可以假设所有的畸变都有相同的缘由：儿童在"实体化"过程中释放潜能，发育成长，但却遭遇了环境的阻挠。

我们的解释排除了不合理的结论，直指简单而清晰的真相：儿童尚处于生命的早期阶段，仍是精神胚胎；只有可能在"实体化"过程中遭遇难以察觉的压迫，从而扭曲畸变。

32　心理逃避

我们可以借用"实体化"的概念来解释心理畸变的本质。精神力量在运动当中掌控身体、统一人格。倘若人格的统一不能完成（或是因为成年人代替了儿童进行活动，或是因为儿童所处的环境中缺乏活动的理由），身心就不能协调发展，由此产生了所谓的"人格分裂"。在自然状态下，任何事物无法自我创造或自我毁灭，尤其是精神力量。如果心理发展脱离了自然的轨道，就会发生畸变。心理畸变的首要原因就是失去目标，因而陷入空虚、模糊和混乱。人的心智本应在大量的活动中逐渐成熟，但却流离涣散，落入幻梦。

涣散的心智一度四处找寻目的地，但却并未找到，于是便在图像与符号之间徘徊游荡。因此，活泼的儿童上蹿下跳、片刻不宁，他们的行为毫无秩序和目的可言；刚开始做的事情，很快就撂下不干，因为他们无法把自己的心思停留在一件事上。成年人一方面惩罚"熊孩子"调皮散漫的行为，试图教他耐下性子；另一方面又鼓励孩子的奇思妙想，将其解释为创造力的肥沃土壤。众所周知，福禄贝尔发明了许多玩具以开拓儿童的想象空间，比如用各式各样的积木搭成骏马、城堡或者火车。事实上，符号认知会引导儿童拉开幻想的闸门，一粒纽扣好像一匹马，一把椅子好像一尊御座，一支铅笔好像一架飞机。这样我们就明白了为什么儿童喜欢玩具，因为玩具能将他们的想象力投射到现实活动中，但这些只是不完美的幻觉和无法实现的美梦。

实际上，玩具为孩子创造的环境是无益的，儿童无法集中精神，行动漫无目的，在幻象中愈行愈远。那些勾起儿童兴致的玩具就像灰烬之下掩藏的火苗，轻轻一吹，又再点燃，但很快就会熄灭，玩具也被丢弃一边。尽管如此，玩具仍然是成年人帮助儿童心理成长所制作的唯一的东西，通过这种玩具，儿童得以自由自在地发散想象力。大人将孩子丢在玩具中（说得更确切一点，是丢在儿童玩具中）不闻不问，并坚信在玩具乐园里，孩子能够找到幸福。

揣着如此坚定不移的信念，哪怕儿童喜新厌旧，甚至动辄把玩具弄坏，成年人仍旧慷慨大方地赠予玩具，并形成了一种习惯。在宝贵的童年时期，玩玩具是世界赋予孩子的唯一自由，但此时的儿童应当做足准备，为未来生活奠定基础。这些"分裂"的儿童在学校中表现得非常聪明，但他们自由散漫、不守纪律。但在学校里，我们发现儿童全神贯注地投入到学习中，他的幻想、他的散漫一并清空。眼前的孩子开朗平和，专注现实，开始在工作中升华自我。从此，一切步入正轨。恍然间，儿童的运动器官在内心的指引下脱离了混乱，成为学习知识、融入社会的工具。于是，曾经飘忽不定的好奇心变成了一心向学的动力。心理分析已经认识到儿童在游戏中产生的不正常的幻觉，并明确地将其解释为"心理逃避"，即"在游戏与幻想中逃避现实"。

"逃"意味着逃跑和躲藏，为的是规避失控的力量；又或

145

者意味着潜意识的自我保护，试图躲避痛苦或危险，将真实的自我掩藏在假面之下。

33 心理障碍

在学校里，老师们发现想象力丰富的孩子并不像人们所期望的那样成绩优秀。相反，这些孩子成绩平平，甚至一塌糊涂。然而，没有人会认为这些孩子的智力出了问题，只是敏捷的创造性思维无法应用到实践中罢了。心理畸变的孩子会明显地表现出"智力退化"的特征，因为他的心智已然不受控制，无法引导他的成长。这不仅表现在企图遁入幻想世界逃避现实，而且在很多情况下，智力发展或多或少地被抑制和暂停，致使儿童一蹶不振、自我封闭。普通孩子的平均智力低于"正常化"的孩子。这种情况的发生要归咎于心理畸变，我们可以将其比作脱臼的骨头（虽然这个例子不是很恰当），脱离了正确的位置，因此需要精心呵护才能回归正途。但是，成年人在教育中多采用激进的手段来纠正孩子的散漫。强制的外力不仅无法治疗心理畸变，还会触发心理的自我防卫。

从心理学的角度来看，这种自我防卫并非像我们认知的那样，表现为无精打采和不服从管教，而是完全脱离了意志控制，潜意识中拒绝接受，也难以理解外界的信号。

心理分析学家将这种现象称为"心理障碍"。老师们必须意识到这一问题的严重性。"心理障碍"为儿童的心灵蒙上了一道阴影,使之变得又聋又瞎,如同灵魂在潜意识中说道:"你们讲吧,我就是不听;你们不停地讲吧,我一个字也听不进去。我建造不了自己的世界,因为我正在修筑防御墙,以防你们的侵袭。"

漫长的心理防卫使儿童失去了成长方向,因此也就无所谓意志的好或坏。老师认为有心理障碍的孩子天性愚钝,自然在某些学科上有理解困难,比如数学或者拼写。如果心理障碍影响了全部科目的学习,那么这些聪明的孩子就会被认为有智力缺陷,在留级多年之后,最终会被划归到智力障碍儿童的行列。通常情况下,心理障碍不是对外界环境的唯一抵抗,除此之外还有其他因素,在心理分析上称为"抵触"。因此,儿童对某一学科产生抵触情绪,继而厌恶学习,再接着对学校、老师和同学都深恶痛绝。此时,爱和热忱早已消失无踪,孩子害怕去学校,最终完全地告别校园。

童年时期形成的心理障碍将伴随人的一生,这是一种再普遍不过的心理现象。典型的例子就是,很多人一辈子都厌恶数学,并不是因为参透不了数字的奥妙,而是因为一提到数学便有心理阴影,尚未开始学习就已经懈怠。

语法也是一样。我认识一个年轻聪慧的意大利姑娘,她的拼写简直一塌糊涂,与她的年龄和文化毫不相符。无论如何纠正都是徒劳,而且错误似乎随着练习力度加大而与日俱增,即使让她阅读经典名著也无济于事。但有一天,我惊讶地发现她写得一手正确又漂亮的意大利文。各种细节我就不在此赘述,但可以肯定的是,她能够完美地掌握这门语言,但却被一种隐秘的力量残暴压制,导致书写时错误连篇。

34 治愈

人们不禁会问,心理逃避和心理障碍两种畸变,哪一个更为严重。根据我们在学校中的观察,耽于幻想和游戏而逃避现实的病症更易消除。我们不妨做个比喻。如果一个人因为在某个地方找不到他所需的东西而出走,那么当环境改变,他便会听到召唤,乖乖回头。

事实上,在学校里我们常常看到散漫暴躁的孩子迅速转变,仿佛从远方归来。他们的转变不仅表现为外在的混乱无序变成了专心工作,而且内心深处感受到了平静和满足。心理畸变的消失是一种自然而然的变化,但如果畸变没有在童年时期根除,就会伴随人的一生。许多被认为想象力丰富的成年人,实际上对于环境只有模糊的印象,而且这种印象仅仅停留在感官层面。这些所谓的"艺术家"多愁善感,时不时地赞美阳光、色彩、花朵、风景、音乐,他们对生命中的一切敏感,就像在阅读一本小说。

但他们对口中赞美的艳阳并无爱意,无意驻足多做了解;星星给予了他们灵感,但无法吸引他们学习一星半点的天文知识。他们有艺术天赋,但没有艺术产出,因为不曾深入掌握任何可用的技能。他们不知道自己的双手应该做些什么,但又克制不住地东摸西碰，如神经质一般地轻易搞砸一切，心不在焉地扯碎曾为之倾倒的花朵。他们创造不了美好事物，无法拥有幸福的人生，看不见生活中的诗情画意。倘若无人拯救，他们就会迷失自我，因为他们将身体的软弱乏力和思想的无所作为看作高层次的象征。在这种境况下，人们很容易患上严重的心理疾病，问题的根源还要追溯至生命早期，彼时微弱的心理问题还难以察觉，但这些问题渐渐发酵，积怨成疾，最终引人走上歧途。

另外，心理障碍难以克服，即使是年龄尚小的儿童也是如此，它犹如一堵围墙，禁锢和隐藏着心灵，以防它受到外界伤害。重重高墙之内，上演着一幕幕讳莫如深的悲剧，而所有可能成为幸福之源的美好事物则被阻隔在外。高深的科学、奇妙的数字、不朽的语言、美妙的音乐……所有这些都成了必须坚决抵抗的"劲敌"。儿童的某些力量发生畸变，如铺天盖地的黑暗一般湮没了正在萌发的热忱与活力。学习成为了一件令人厌倦的事情，这导致孩子们对整个世界抱有敌意，而不是尽力做社会的一分子。

障碍！这个词语发人深思，令人想到人类在掌握健康生活的生理卫生知识之前，先把身体层层包裹，避免接触阳光、空气和水，在自己周围砌上一道遮天蔽日的高墙，日日夜夜地躲在紧闭的窗子后，呼吸着稀薄的氧气。人们如洋葱一般裹着厚重的衣服，皮肤的毛孔无法置换纯净的空气。生命与外界环境完全隔绝。

在社会上也存在着同样的障碍。为什么人与人之间要相互孤立？为什么每个家庭会自我封闭、抵抗外戚？

家庭的封闭不是为了独享快乐，而是为了与其他人拉开距离。这种障碍不是为了守卫爱，因为家庭的障碍是封闭的、难以逾越的，比任何墙壁都要坚固。社会阶级和民族间的障碍亦是如此。横亘在民族之间的障碍并不是为了区分出一个个统一而同质的群体，而是在危难面前给予自由和保护。但由于相互孤立和敌视产生的焦躁加深了国家之间的障碍，阻碍了民间的交往和产品的流通。如果说文明的建立依靠往来交流，那么为什么国与国之间存在障碍呢？或许这种障碍可以解释为一种心理现象，它是饱受苦难、忍辱负重的民族在创伤之后留下的后遗症。苦痛深入骨髓，它的巨大与深刻使得障碍愈加坚牢，最终导致国家的僵化。

35 依附

一些乖巧顺从的孩子没有足够强大的精神力量支撑其逃脱成年人的影响，反而成年人代替了儿童的行动，使得儿童成为成年人的附庸。尽管无人察觉，但生命活力的缺失让孩子们轻易便陷入自怨自艾的境地。这些孩子满腹牢骚，一副委屈受难的模样，给人一种多愁善感的错觉。他们总是莫名地烦躁，于是向小伙伴和成年人求助，因为他们无法依靠自己的力量从困境中解脱。他们总是依赖于别人，仿佛成为了他人的附庸。他们请求成年人的帮助，希望成年人和他们一起玩耍，讲故事、唱歌，绝不离开半步。

在这些孩子身边，成年人变成了奴仆。这种奇怪的身份置换无益于任何一方，但从表面上看，人们又深信成年人和儿童之间相互理解、亲密无间。这些儿童不停地问为什么，一副求知若渴的样子，但仔细观察之后我们便会发现，他们并没有在听答案，只是一味地追问。看似旺盛的求知欲，实际上是儿童的手段，目的是将别人拴在身边。

这些孩子自愿地放弃自己的行动而服从于成年人的任何指令，于是成年人可以轻而易举地代替儿童的意志，儿童也顺从地退让。长此以往，儿童就会在"惰性"中沉沦，这种"惰性"表现为懒懒散散、无所事事。

成年人倒是乐于看见这种情况的发生，因为这不会妨碍到他们自己的活动。然而这是儿童心理畸变的极端表现。

"惰性"是为何物？它是精神上的压抑。如同重病患者严重衰退的身体状况，反映在精神领域中，就是生命力与创造力的衰减。天主教认为惰性是七宗罪之一，它的出现将导致灵魂的消亡。

成年人将儿童当作自己的傀儡，以无益的帮助和建议催眠儿童的心灵，熄灭儿童的生命之火，但这一切都未被察觉。

36　占有欲

每一个幼小的儿童或者正常化的儿童心中都有一股冲动，引导他们采取行动。面对周遭环境，他们并非无动于衷，而是热情洋溢、满心欢喜地参与其中。我们可以将这种冲动比作饥饿，在饥饿的催逼下，人会主动寻找食物。这是一种本能，与逻辑理性无关，就像人们在饥肠辘辘的时候不会翻来覆去地唠叨道："我已经很久没吃东西了，不吃饭我就没有力气，我就活不下去，所以我必须去找点东西吃，补充营养。"不，饥饿是一种折磨，它让人无法抑制进食的冲动。被这种饥饿感侵蚀的儿童在环境中寻找营养来填补精神的缺口，汲取营养的手段是活动。

"如同新生儿吮吸母亲的乳汁，我们也渴望精神的哺育。"正是这份冲动，即对环境的热爱体现了人的特征。把儿童的感受解释为激情是不准确的，因为激情稍纵即逝，短暂地推动人生开启"重要篇章"。

然而，探索环境的热忱促使儿童片刻不停地活动，如同身体元素与氧气接触后熊熊燃烧，不灭的火焰赋予身体以暖意。活泼的儿童让人感觉到他们生活在适应的环境里，离开这个环境他们就无法实现自我。倘若没有适宜的心理环境，儿童会变得不堪一击，出现心理畸变和自我封闭的症状，成为一个阴晴不定、难以捉摸、空虚、无能、任性、烦躁的社会边缘人。如果儿童没有找到自己行动的理由和成长的方向，他就只能看到"物"，一心将其"占为己有"。当取和夺变成了轻而易举的事情，爱与智慧就变得一无是处。儿童的能量转而向另一个方向释放。当儿童看到一块金表时，尽管他还读不懂时间，仍然会叫嚷道："我要这个。""不，这应该是我的！"另一个孩子不甘示弱。哪怕拥有了这块表，孩子仍然会把它弄坏，或者干脆丢在一边。于是，两人因为这些"外物"你争我抢，拼个天翻地覆。

几乎所有的道德偏差都取决于人们在爱与占有之间所作的初次选择。不同的选择将引领我们走向两条不同的道路，竭尽全力前进再前进。儿童活跃的神经就像章鱼的触手试探着万事万物，攥紧或者摧毁那些他们渴求的东西。占有欲让他牢牢地护着自己的东西，就像保护自己的生命一般。

身强体壮的少年为了保护自己的所有物甚至会对其他抢夺东西的孩子大打出手。他们不断地争吵，因为都想得到同一件物品，得到属于别人的东西。这就是为什么他们无法友好相处，反而为了鸡毛蒜皮的小事闹得不可开交。但争吵的缘由并非真的无足轻重，相反地，我们从中看到了一个沉重的事实：心理畸变导致儿童的心灵走上歧路，邪恶的本性显露出来。物品本身与占有欲并不相干，罪魁祸首是内心的恶魔。

如大家所知道的那样，成年人会训诫儿童，以道德教育约束儿童不觊觎外物，尊重他人的财产。但当儿童做到这一点时，他就已经与丰富绚烂的内心作别，转身投入花花世界。欲念悄无声息地渗入儿童的灵魂，人们将其看作人类的本性之一。

即使是乖巧听话的孩子也对外界事物、对那些毫无价值的东西满怀兴趣。只不过他们"占有"的方式不同，他们通常不会大吵大闹，也不会巧取豪夺，挑起事端。他们更愿意将自己喜爱的东西收拾起来藏好，这让成年人相信他们喜欢收藏，但真正的收藏需要依靠专业知识才能分门别类、拾掇妥当。但儿童将各式各样的东西收集在一起，这些东西平平无奇、毫无关联。病理学上认为这种收藏毫无实质和逻辑可言，它是一种荒谬的癖好，是异常的心理活动。不仅精神病人有此症状，调皮捣蛋的孩子亦是如此，他们满满的一口袋全装着无用而杂乱的玩意儿。逆来顺受的乖乖仔也有类似的收藏，但大人们将这一切看作正常现象。如果有人企图夺走孩子的藏品，他们会奋不顾身地保卫自己的所有物。

心理学家阿德勒就这些表现给出了一个有趣的解释。他将这种现象比作成年人的悭吝，早在童年时期，人的吝啬就有所显现。人们将各种东西划入怀中不肯出让半分，即使这些东西没有一点用处，如同失调的精神土壤孕育出一枝恶之花。父母赞同孩子保护私有财产的行为，他们将儿童的占有欲释作人类的天性以及儿童处理社会关系的起点。这些年幼的"收藏家"并不被看作社会上的异类。

37　支配欲

　　与占有欲息息相关的另一个心理畸变的症状叫作支配欲。出于本能的支配欲，人们依靠探索周遭环境的热忱来掌控外部世界。但假如这种力量只是为了四处劫掠，而非发展个性，那么它就是心理畸变。

　　在心理畸变的儿童眼中，成年人全知全能。孩子们认为，借着成年人的行动，自己的力量也会变得强大。于是，儿童开始利用成年人，借成年人之手做一些自己力所不能及的事情。这一想法不难理解，但它渐渐地渗入了每个孩子的思想中，成为了最普遍、也最难改正的理念。软弱无能、锁链加身的一方希望说服位高权重、不受约束的一方为其谋取利益，这是自然而合理的事情。儿童发现了这条捷径，因此不断地试探，期求成年人替自己去做那些自身能力范围之外的事情。这就是儿童典型的任性表现。孩子们的要求漫无止境。耽于幻想的孩子以为成年人无所不能，可以实现他们眼花缭乱、瞬息万变的幻梦。儿童的这种感受在童话故事中多有体现，可以说，这些故事就是儿童心理的剖白。儿童兴奋地发现，如梦似幻的文字中包裹着自己隐秘的欲望。谁向童话中的仙女求助，谁就能收获富足和欢愉，仙女奇妙的魔法远胜于人类之力。仙女有善有恶，有丑有俊，时而化作衣不蔽体的乞丐，时而化作富裕的商贾，要么生活在密林间，要么生活在魔法宫殿中。仙女的模样是成人在儿童眼中的投影：年迈的仙女是奶奶，年轻貌美的仙女是妈妈，衣衫褴褛的是穷妈妈，穿金戴银的是富妈妈，她们对孩子都宠爱有加。

成年人，无论是惨惨戚戚还是春风得意，在儿童面前总是显得强大万分。因此儿童开始在现实生活中利用成年人，起初成年人乐于见到孩子高兴的模样，因而一味地退让和应允，但这番利用最终将以争斗结尾。没错，成年人会帮着孩子搓洗小手，但他同时享受对孩子的占有欲。然而，取得了第一次胜利后，儿童便会争取第二次；成年人越是退让，孩子就越是索取；成年人渐渐意识到，辛劳后的苦涩大过了幻想中孩子满足的笑脸。幻想是无限的，而物质是有限的，冲突必然会到来，一场激烈的争斗在所难免。儿童的任性妄为最终惩罚了成年人，他们立刻就认识到了自己的错误并说："都怪我太溺爱孩子。"

就连那些顺从的孩子也有自己的取胜之道，那就是动之以情。他们用眼泪、哀求、忧伤和可爱来博取大人的同情。成年人不断退让，直到无路可退，而儿童愈发不悦，从正常的心理状态逐渐变得扭曲。大人恍然大悟，原来自己才是万恶之源，于是火急火燎地寻求治愈的方法。

但要知道，没有什么方法能改掉孩子的任性。任何的耳提面命，任何的严厉惩处都不会奏效。这就好比告诉一个高烧不退、神志不清的病人健康很重要，威胁他倘若不退烧就要棍棒伺候一般。不，成年人的溺爱并非表现为他的妥协，而是表现为他对儿童自由生活的妨碍，这让孩子偏离了自然的发展轨道，走上歧途。

38 自卑感

　　成年人并没有意识到自己对孩子表现出的"蔑视",虽然他们相信孩子完美无缺,是自己的骄傲、未来的希望;但内心深处有一股莫名的力量,使他们相信儿童"脑袋空空""生性顽劣",需要填补思想的漏洞,矫正行为的不端。这便是"对儿童的蔑视"。成年人认为在自己面前的孩子只是幼弱的顽童,而在孩子面前的自己则无所不能,他甚至有权在儿童面前展现那些羞于在其他社会成员面前表达的低级情绪。这些倾向表明,成年人心中隐藏的是贪婪无度和唯我独尊。在家庭中,成年人假借父母的名义蚕食着孩子的自我。举个例子,当看到儿童挪动玻璃杯时,成年人生怕儿童将玻璃杯打碎。此刻,在成年人贪婪的目光中,玻璃杯犹如珍宝,为了保护杯子免于受难,成年人一把将它从孩子手中抢下。或许这个成年人富可敌国,他希望自己的资产还能增长十倍,他的孩子会更加富有,但在这一刻,他认为玻璃杯价值连城,因此不顾一切地拯救它于危难之际。同时,他又会想:"我已经把杯子放好了,为什么孩子要乱动呢?难道我无权支配自己的东西吗?"这个成年人打从心底里愿意为孩子做任何的牺牲,他梦想着孩子有一天会飞黄腾达,成为声名显赫的成功人士;但是在这一刻,他心头涌起一阵专横跋扈的情绪,为了一个毫无价值的东西浪费精力。实际上，如果是仆人挪动杯子，他会一笑了之；如果是客人打碎了杯子，他也会马上安慰客人说，这个杯子无关紧要，只是个不值钱的玩意儿。

因此，儿童会在不断的失望中认为自己就是那个惹是生非的人，因为只有他不能触碰大人的东西，他的地位是低微的，甚至还没有东西重要。

讲到儿童的心理建设，还需要考虑到另一种情结。孩子不仅需要触碰物品，将物品当作工作道具，还应当始终如一地做事，这对儿童内在个性的发展极为重要。成年人不会特地观察自己的日常生活习惯，因为这些习惯已经内化成了生活的一部分。早上起床后，他知道自己应当做什么，他对这一切早已驾轻就熟。这一连串的行动仿佛是自动完成的，无需任何提醒，就像心跳和呼吸一样自然，不必再做任何思索和考量。然而儿童需要建立这一套习惯。但他们无法按照自己的计划行动。当他正在玩耍时，成年人会过来告诉他散步的时间到了，于是给他换上衣服，带他出门；或者当孩子正在往桶里装小石子的时候，妈妈的朋友来了，于是妈妈会让他停下手头的事情，带他去见客人。成年人总是强势地闯入儿童的世界，既不会询问也不会考虑儿童的感受，他们用行动证明了自己的想法：儿童的所作所为毫无意义。但在儿童眼中，当成年人请求其他人帮忙，哪怕是用人，也不会不由分说地打扰，一定要先说上一句"如果您愿意的话"或者"如果您可以的话"。因此，儿童觉得自己的地位有别于他人，一种万人之下的自卑感油然而生。

正如我们所说的，行为习惯的养成对儿童的成长至关重要。总有一天，成年人要告诉孩子他们应对自己的行为负责，但承担责任的前提是梳理一个完整的框架，厘清行为之间的联系，辨别各种行为的意义。但是，儿童只感到自己做的每一件事都无足轻重。成年人，他的父亲，时常抱怨他无法唤醒儿子的责任感和对自己行为的控制能力，而事实上，正是他一步步地破坏了儿童习惯的养成和自尊的树立。儿童在心中默认了自己的卑微和无能。想要让孩子承担责任，就要使他们充满自信，坚信自己是行为的主人。

一个人内心深处的失望和消沉源于对"无能"的深信不疑。我们假设让一个瘫痪的儿童和一个敏捷的儿童一起赛跑，瘫痪的儿童自然不愿意迈开一步；若让身材魁梧的壮汉和一个身材瘦小的外行人比赛拳击，此人一定连连拒绝。做出尝试之前便感到了无能为力，努力的愿望也就随之灰飞烟灭。成年人不断地浇灭儿童的信心，使儿童耻于自己的渺小，深信自己的无力。成年人不仅妨碍儿童的行动，他还会说："你不能做这件事，试了也没用。"或者缺乏修养的人会粗暴地骂道："笨蛋，你为什么要这么做，你看不出来自己做不到吗？"这种做法不仅打断了儿童的工作，搅乱了行为的连贯性，还伤害了儿童的人格。

成年人的做法不仅让儿童坚信自己的一举一动毫无意义，而且整个人都是无能而笨拙的。因此，儿童变得心灰意冷，缺乏自信。倘若有一个蛮横的人对我们着手要做的事情横加干涉，那么我们至少可以期盼出现一个温顺的人，在他面前我们可以做自己想做的事情。然而，当成年人使儿童相信他本身不会有所作为，那么儿童就会陷入胆怯、麻木和恐惧之中，久而久之患上"心理障碍"。心理分析学称之为"自卑感"，这种感觉将伴随人的一生，使人时时刻刻觉得自己低人一等，拒绝迎接生命中出现的任何挑战。

自卑感通常表现为羞怯，犹豫不决，在困难和批评面前畏手畏脚，一旦陷入困窘便心生绝望，放肆哭泣。

与之相反，那些"正常"的儿童则表现出了优秀的性格品质，他们充满自信，对自己的行动坚信不疑。

在圣洛伦佐儿童之家的小男孩告诉失望的参观者，虽然学校正逢假期，老师们都在家休息，但他可以自己打开教室的大门，如往常一样学习和工作。这个孩子表现出了完美平衡的人格，他并非自视甚高，而是了解自己的潜力，也知道如何掌控这份潜力。

这个小男孩知道自己正在做什么，他能够恰如其分地办好这件事里的每一个步骤。完成这一连串的行为不需要花费他太多力气，他甚至感觉不到自己做了什么特别的事情。

当意大利皇后请一个小男孩用可以活动的字母拼写"意大利万岁"时，这个孩子没有表现出一丝一毫的慌张。他先是如往常一样，把刚刚用过的字母放归原处，动作之从容，仿佛没有旁人在场。出于对皇后的尊重，我们希望小男孩能暂停手头的工作，立刻执行皇后的要求。但是，他无法略过往常的步骤，在拼写其他单词之前，必须要把刚刚用过的字母整齐摆好。完成整理之后，小男孩拼出了"意大利万岁"几个字。

虽然这个小家伙只有四岁，但他已经能够主宰自己的情绪和行为，能够从容不迫、满怀自信地应对周围发生的种种意外。

39　恐惧感

恐惧也是心理畸变的表现，但人们往往将其视作儿童的天性之一。人们认为，孩子的胆怯源于内心的纷乱，与所处的环境并无关系，就像羞涩一样，是孩子性格的一部分。一些性格温顺的孩子总是生活在恐惧与焦虑之中。而那些坚强活泼的孩子，尽管在危险面前无惧无畏，但有时也会表现出神秘莫测、难以克服的恐惧。这种情绪可以解释为过去的某些事件给孩子留下了深刻的印象，比如害怕过马路，害怕猫咪躲在床下，害怕看到母鸡，精神病专家在成年人的身上也看到了类似的恐惧症。这种症状在极其依赖成年人的儿童身上表现得尤为明显，而成年人利用儿童的无知，用黑暗中模糊的影子吓唬儿童，使儿童听话顺从。这是成年人应付儿童的最卑劣的手段之一，黑夜本来便充斥着各种骇人的想象，大人的所作所为更加深了儿童天性中对夜晚的恐惧。

接触真实世界、体验万事万物能帮助儿童了解自己所处的环境，摆脱混乱的恐惧心理。我们的学校旨在培养儿童健康成长，所获的重要成果之一就是帮助儿童克服了潜意识中的恐惧。

我们的一所学校里有一个来自西班牙家庭的小女孩，她有三个姐姐。每逢狂风骤雨、电闪雷鸣的夜晚，小女孩是姐妹中唯一不害怕的，而且她还会带着姐姐们穿过房子，躲进父母的卧室。小女孩的无所畏惧使她成为了姐姐们的心灵支柱。每当在漆黑的夜色中感到害怕，姐姐们就会跑到妹妹身边寻求安慰，摆脱恐惧的折磨。

"恐惧感"不同于我们在危险面前出于自卫本能而表现出的恐惧。与成年人相比，这种正常的恐惧心理较少出现在儿童身上，原因并不仅仅是儿童经历的危险比成年人少，我们可以说，当面对危险时，儿童展现出了更多直面困境的勇气。实际上，儿童时常将自己暴露于危险之下，城市里的孩子在马路上与车辆擦肩而过，乡村里的孩子会爬上高高的大树，或从陡峭的山坡上一滑而下，他们还会猛地扎进大海或河流中自学游泳。儿童拯救同伴的英勇壮举数不胜数。在这里我想引述一个故事：加利福尼亚州的一家医院曾发生过火灾，医院里设有盲童病房，但人们在遇难者的遗体中发现了许多并不眼盲的孩子，这些孩子住在房子的另一侧，他们在发现危险的第一时间迅速跑去拯救盲童。在"童子军"之类的儿童协会的报刊上，我们每天都能看到儿童的英雄之举。

或许人们会问，"正常化"是否会激发儿童的英雄主义倾向。从我们的教学经验中看，没有任何一个"正常化"的儿童有过英雄事迹。他们心中确实怀有崇高的信念，但这与现实的英雄举动相差甚远。在我们的学校里，谨慎是儿童共有的品质，这可以使他们躲避危险，也可以与危险共存。比如在餐桌上或是在厨房里使用刀叉；点火柴照明，或者使用任何打火工具点燃火焰；无人监护的时候独自在水池边玩耍；穿过城市里的马路等等。

总之，我们学校的孩子能够不急不躁、游刃有余地控制自己的行为。因此，"正常化"不意味着将自己置于危险之中，而是学会谨慎行动，认识、控制以及从容地应对险境。

40 谎言

　　心理畸变的症状各种各样，就像繁茂的大树长出枝丫，四面八方地招摇，但它们都源于深埋的树根。只有挖掘到畸变的根源，才能找到"正常化"的唯一谜底。然而，心理学和教育学上普遍认为，这些招摇的枝杈不过是个别缺陷，彼此之间没有联系，应当分别研究和看待。

　　说谎就是心理畸变的一大特征。谎言就像一件外衣，将心灵包裹其中，外衣越来越厚，谎言越来越多，不同的谎言有着不同的意义。有正常的谎言也有病态的谎言。早期的精神病学对无法自控的癔病型谎言做了大量的研究，一个人的心灵一旦被谎言蒙蔽，那么他说的每一句话都夹杂着谎言。精神病学家注意到，在少年法庭上儿童可能会潜意识地作伪证。在人们的心目中，儿童"纯洁的心灵"几乎是真理的代名词（纯洁的喉舌吐露真理），但他们却有可能在潜意识的作用下做出虚伪的证言。犯罪心理学家注意到了这些令人吃惊的现象，他们认为孩子的本意是真诚直率的，情绪的波动造成了心理的紊乱，因此孩子们才会撒谎。

　　这些用虚假代替真实的谎言，无论是一贯如此还是偶尔为之，都与儿童为了自我保护而躲躲藏藏的谎言有很大的区别。

在日常生活中，正常的孩子也会撒谎，但这与自我保护没有关系。人们为了描述幻想，会故意编造谎言。这样的谎言很容易取信于人，它既不是为了坑蒙拐骗，也不是为了沽名钓誉。它是一种艺术形式，就像演员赋予角色生命。我举个例子。有一次几个孩子告诉我，他们的母亲为赴宴的客人亲手制作了营养丰富的蔬菜汁，以平衡餐食的健康，客人惊叹于蔬菜汁的天然美味，夸赞说这是他从未品尝过的好东西。听完孩子们有趣而详实的叙述，我十分动心，于是请教他们的母亲如何制作这种饮料。但这位母亲却对我说，她从来没想过要准备这种蔬果汁。这个谎言纯粹是儿童的想象，孩子们就像在演绎一个故事，没有其他意图。

这种谎言与因为懒惰、因为不求甚解而编造的谎言性质完全不同。

有时谎言是耍小聪明的表现。我认识一个五岁的小男孩，母亲临时把他送到了一所寄宿学校。负责照顾他的老师十分胜任这份工作，她对这个新来的小朋友关怀备至。过了一段时间，小男孩开始向母亲抱怨老师过于严厉。男孩的母亲去找校长询问，却发现这位老师非常亲切和蔼。于是这位母亲质问孩子为什么要撒谎，孩子答道："我又不能说校长的坏话。"看来，小男孩并不是没有勇气指责校长，他只是屈服于权威。很多例子都可以作证，儿童在适应环境的过程中耍了许多小伎俩。

相反，软弱顺从的儿童说谎时不经大脑，脱口而出的谎言就像条件反射。这些谎话幼稚、混乱而意外，往往一眼就能看穿。然而，老师在戳破谎言的同时忘了谎言背后的意义。这些天真幼稚的谎话只是一层盔甲，用以抵御成年人的袭击。自闭的孩子更容易说谎，他们内心软弱、羞怯胆小，只能以谎言来逃避成年人对他们的责骂。

谎言也是智慧的一种表现。童年时期尚未显出端倪，但随着年龄的不断增长，儿童的心智逐渐成熟，它在社会生活当中扮演了重要的角色，就像蔽体的衣服一样，不仅不可或缺，还兼有美观功能。我们学校的孩子摒弃了传统恶习，以自然而真诚的方式生活。然而，谎言并不会奇迹般地自行消失。比起改变，儿童的心灵更需要重塑：理清思绪，贴近现实，解开精神的枷锁，培养对高雅事物的兴趣。这些举措可以为儿童真诚的心灵构造适宜的成长环境。

但如果我们剖析现实，就会发现整个社会都浸淫在谎言之中，除非把世界搅个天翻地覆，否则这种风气不会改善。事实上，许多离开"儿童之家"进入公立中学的孩子被批评为不懂礼貌、不服管教，因为他们比其他人更加真诚，还没学会做出必要的妥协。老师们忽略了一个事实：社会关系中交织着谎言，教育建立于虚伪的道德观念之上，陌生的真诚被视为仇敌。

心理学为人类发展所作的杰出贡献之一就是将谎言解释为一种潜意识的适应。成年人的虚伪，而非儿童的谎言，给生活披上了一层可怕的伪装，就像动物细腻的皮毛和鸟儿美丽的羽毛一样掩盖、粉饰和保护着隐藏其下的生活真相。一个人可以欺骗自己的感情，活在谎言之中，说得确切一些，是当纯洁自然的感情与社会相冲突时，依靠自欺欺人苟延残喘。人不能永远活在冲突中，因此心灵只好屈从于环境。

成年人对待儿童的态度是一种特殊的虚伪。他们牺牲儿童的需求满足自己的利益，但因为无法接受这个现实而诉诸谎言。成年人说服自己有天赐的权利指使儿童，他们所做的一切都是为了孩子。当儿童反抗时，他们不去寻找问题的根源，而武断地指责孩子不听话、脾气坏，不晓得儿童所做的一切是在自救。

正义与真相之声渐渐式微直至消失，取而代之的是义务、权利、审慎等假话空话。"我的心凝固成一块闪烁的、透亮的坚冰，与之冲撞的一切都将粉碎。""我的心变作磐石，我抬手打它，手上留下一道伤口。"这是但丁在地狱的深渊中巧作的比喻，那里栖居着仇恨的魂灵。爱和恨是心灵的两极，诗人将其比作流水和坚冰。没错，掩饰恶习就是欺骗心灵，为了适应扭曲的社会环境，渐渐地，人心中的爱就变成了恨。这是潜意识最深处隐藏的骇人谎言。

41 心理状况对身体健康的影响

心理畸变可以通过各种各样的特征显现出来，其中有一些特征看似毫无关联，因为它们表现为身体功能的失调。现代医学已经证明许多生理疾病都存在着心理诱因，甚至某些看上去仅仅是生理原因造成的疾病，也有深刻的心理根源。其中一些特点在儿童身上表现得极为明显，比如营养失调。活泼强壮的孩子食欲旺盛，吃东西时狼吞虎咽，很难用卫生知识劝说他们节制食欲。这些孩子饮食过量，却被成人欣慰地认为是"胃口好"，实际上这种习惯会造成消化不良和食物中毒，需要医生的治疗。

从古至今，暴饮暴食都被视作一种恶习，有百害而无一利。在这种恶习的影响下，人对于食物的正常感觉逐渐退化，而依靠这种感觉人才能寻找食物，对所有动物来说食物的需求都是有限的，身体健康交由这种自我保护的本能引领。自我保护本能分为两个方面：第一是躲避环境中的危险，第二是饮食。动物具备一种本能，这种本能不仅引导着它寻觅食物，还会决定它进食的分量。这是动物的显著特征之一。无论吃得多或少，每个物种都根据自然规律拥有相应的摄食量。

只有人表现出了暴食的恶习，人不仅没头没脑地摄入过量的食物，还吃有损健康的东西。因此可以说，一旦出现心理畸变，保护身体健康的敏感性就会缺失。心理畸变的儿童就是很好的例证，他们身上会立刻出现营养失衡的症状。食物以诱人的香气刺激着人的味蕾，但儿童味觉的敏感性以及自我保护的本能已经消退、消失。在我们的学校里，心理回归正常的孩子改掉了贪吃的坏习惯。他们开始关注用餐礼仪以及如何正确饮食。

儿童可以用常人难以想象的速度重拾活力。为了证实这一想法，有人详尽地描述过童年时期的几个场景。到了饭点，小朋友们坐在餐桌前，面对香喷喷的饭菜，一心一意地整理餐巾，摆好刀叉的位置，努力地回忆正确使用餐具的方法，或者去帮助年纪更小的孩子。有时他们一丝不苟地做事，甚至饭菜凉了还浑然不觉。有一些孩子则觉得委屈，因为他们没有被选中为大家上菜，只被分配到了最轻松的活——吃饭。

心理因素与饮食习惯存在着密切的关系。乖巧听话的孩子往往难以战胜对食物的厌恶感，一些孩子拒绝吃饭，而且态度坚决，这让家长和老师一筹莫展。

当这种情况发生在贫穷瘦弱的儿童身上，就更加令人心焦，因为他们原本可以利用这个机会饱餐一顿。长此以往，对食物的抵触会演化为疾病，严重损害身体的健康。厌食并不等同于消化不良，消化不良是消化器官异常导致的食欲不振，而厌食主要是心理原因造成的。

某些情况下，儿童可能是出于自我保护的心理而拒绝吃饭，比如成年人硬要喂他们吃东西，或者强迫他们按照成年人的节奏快速进食。儿童吃饭的节奏是特殊的——如今这种观点已经得到了儿科专家的认证，他们观察到儿童不会一次性吃完所有的食物，而是慢慢地吃，中间会有漫长的停顿。

哺乳期的婴儿身上也存在相同的状况，他们吃奶的时候嘴巴不会离开奶嘴，即使离开奶嘴也是为了稍作休息，然后继续吃奶，这就是他们的缓慢的、间歇的进食节奏。我们可以看出，当大人违背自然规律强迫儿童吃东西的时候，出于自我保护本能，儿童会进行反抗。但在一些特殊情况下，儿童的自卫本能不起作用。这些孩子是因为体质不佳而没有胃口。他们面色苍白，任何的治疗手段，新鲜空气、阳光大海都不能刺激他们的食欲。儿童依赖于身边的大人，而大人却对他们颐指气使。唯一的治愈方法就是带领儿童远离压迫者，为他们创造一个宽松自由的环境，消除他们对成年人的依赖。

人们早就意识到，心理世界与那些看似毫无关系的生理现象，比如饮食问题有着千丝万缕的关联。《圣经》故事中讲到，厄撒乌为了一时的口腹之欲，出让长子的名分，这实在不能说是明智之举。事实上，贪吃也是"麻痹精神"的恶习之一。托马斯·阿奎那（Tommaso d'Aquino）就贪吃与智力的关系作过精妙的阐述。他认为贪食使人迟钝，削弱了人的判断力和对现实的认知。对于儿童，问题则恰恰相反：心理的紊乱造成了厌食的症状。

基督教认为暴食扰乱了精神秩序，故将其列作七宗罪之一。这种罪行违背了世间万物的神秘法则，将导致灵魂的毁灭。此外，现代心理分析学通过科学研究间接证明了上文提到的自我保护本能消失的概念。心理分析学从另一种角度出发，将这种现象解读为"死亡的本能"。即当一个人感受到死亡不可避免地降临时，会千方百计地缩短生命的时限，甚至用自杀迎接死神的到来。人从酒精、鸦片、可卡因等毒品中寻求慰藉，不可自拔，积重难返。此时，他没有一丝对生的眷恋和自我救赎的愿望，而是一心呼唤死亡，急不可待地奔赴黄泉。这正说明了内在敏感性的消失给人的自我保护能力予以沉重打击。

如果不可避免的死亡会导致自暴自弃，那么这种习性应当存在于所有生物身上。可以说，每一种心理畸变都可能致人走向不归路，亲手摧毁自己的生命，这种可怕的习性在儿童时代便初现端倪，但却一直未被察觉。

疾病的背后都有精神诱因，因为生理和心理密不可分，不正常的饮食习惯为疾病的入侵提供了方便。有时，一个人看上去病恹恹的，实际上只是心理作用下的臆造而非现实。心理分析学家指出，一个人可能会假托生病的借口，寻求心灵的庇护。他的不适并非捏造,而是真实的生理反应,体温会增高,有时会出现严重的功能性紊乱。

然而,这些疾病并不存在,是潜意识的心理活动支配了生理规律。儿童借由疾病得以从不适的环境中抽身,除非把他从困境中解救出来,否则没有任何治愈的办法。就像纠正道德缺陷一样,若将儿童置于自由的环境中,指引他走上正常的成长轨道,那么许多精神疾病也可以根除。如今许多儿科专家将"儿童之家"称作"健康之家",介绍那些用一般方法很难治愈的患有功能性疾病的儿童来我们这里,治疗效果出人意料地令人满意。

第三部分
儿童与社会

42 成人与儿童的斗争

　　成人与儿童之间的冲突就如同将一颗石子掷入平静的水面后泛起层层涟漪，水纹从落水处向四面八方波动扩散，直抵远处，无休无止地贯穿整个人生。

　　医生和心理分析学家以同样的方法追本溯源，寻觅生理和心理紊乱的原因。心理分析学家为探索精神失调的深层诱因而踏上了一段漫长的旅途，他们就像寻找尼罗河源头的探险家，跋山涉水，最终抵达宁静而古老的湖泊。科学家则在迂回的心灵之路上探索人类怯懦软弱和无力抗争的根源，跨越眼前的现象，切入问题的本质，到达人类意识的源头，也就是那一方平静的湖泊，即儿童的身体和心灵。

　　时光倒退，从头开始，如果我们对人类的历史有兴趣的话，不妨从这方平静的湖泊，也就是儿童时代出发，沿着生命之河蜿蜒的河道一路流淌，越过崇山峻岭、峭壁险滩，自料峭的悬崖上一跃而下汇成瀑布，自由自在，无所不为，只除了一件事情：使奔流的河水戛然止息。

事实上，成年人的显著病症——生理疾病诸如神经紊乱——在儿童时期便初见端倪，倘若悉心观察儿童的生活，就会发现疾病的预兆隐藏其中。

除此之外，我们还需认清另一个事实：任何严重或明显的病症都伴随着无穷多的小病小灾。死于某种疾病的情况比这种疾病痊愈的情况要少得多。如果患病代表着免疫力的下降，那么我们身上还存在其他弱点使病菌有机可乘。

虚弱而易感的状态就像荡漾的波浪、震动的以太波。如果我们要检验一片水域是否纯净、可饮用，可以提取一部分水样检测它的质量。以此类推，如果我们看到千万人因为病痛而死去，因为犯错而迷失，就可以断定全人类都在遭受着某种恶习的后果。

这并不是一种新观点。在摩西的时代人们就已经认识到了人类的原罪，这种罪恶使人迷失自我，无奸不作。原罪看似是一种不合理、不公正的概念，因为成千上万无辜的亚当子孙被判以酷刑。

但我们亲眼看见几百年来传袭的陋习让儿童无辜受难，遭受着成长道路上的艰辛坎坷。我们可以从波及甚广的人类社会的基本冲突中找到问题的根源，今时今刻，这一冲突还未被透彻研究。

43 劳动的本能

在揭开儿童的秘密之前，人们对儿童心理活动的规律一无所知，但对人的成长发育起决定性作用的"敏感期"将逐渐成为人文科学的重要课题。

在成长和发育阶段，个人与环境之间愈渐紧密的关系可以帮助儿童在日后取得重要的成就，因为除非渐渐摆脱成年人的控制，在适宜的环境中找到发挥自身功能的必要工具，否则个性的发展——即我们所说的"儿童的自由意志"——就不会实现。这个道理简单易懂，就如同我们为断奶的婴儿准备谷物和果汁作为食物，即以环境中的产品代替母乳。

在教育过程中，人们往往以错误的态度对待儿童的自由，人们设想儿童是独立于成人的个体，却没有为他准备相应的环境。为响应儿童的需求，必须辅以科学的教育手段，就像在儿童饮食方面，必须准备符合卫生标准的食物。儿童已经清楚明了地勾勒出了他所需要的心理环境的框架，这是我们化思想为现实，构建新型教育体系的根基。

在儿童给予我们的启示中，有一个现象需要格外关注，那就是儿童通过劳动而完成的正常化。全世界各民族儿童借由成千上万次的实验告诉我们这一事实，这是在心理学和教育学领域前所未有的发现。对儿童而言，劳动是一项本能，劳动可以塑造个性，冲破自身局限：人类在劳动中发展自我。一方面，劳动的价值无可取代，福祉不可，情感亦然。另一方面，惩罚和奖励都无法消除劳动本能的畸变。

人类的劳作离不开双手，可以说，手是塑造人格的工具，是传递智慧、表达意愿的器官，人类借由双手在环境中构建自我。儿童的劳动本能告诉我们，劳动是人类天性使然，是人类的种群特征。

劳动是健康的前提，予人以无上的满足感（就像发生在儿童身上的那样），但为什么成年人拒绝劳动，从不相信劳动是环境赋予的刚性需求呢？因为社会劳动建立在了错误的基础上，人类的劳动本能被欲望、权利、虚伪和独断湮没，作为一种退化的特质沉睡在心灵深处。在这种情况下，劳动成为了外界环境与小人缠斗的附庸，转变为强迫性的活动，造成了巨大的心理障碍，因此劳作令人疲惫和厌倦。

但是在一些特殊场合下，当人出于内在本能而劳动时，劳动就会表现出（至少在成年人身上）截然相反的特征。此时，劳动叫人心驰神往、难以抵抗，使人逃脱了内心的扭曲和纷扰。犹如发明家勤于钻研，探险家登峰造极，艺术家妙手丹青，劳动中的人似乎拥有了非凡的力量，重拾自己的本能和个性。劳动的本能就像一股涌泉，撕裂坚硬的地壳，猛地冲上天空，然后化作甘霖润泽大地，洗净人间的污秽。

这种本能推动了文明的进步，使劳动回归本质，在此之上建立了人类社会的新环境。劳动无疑是人类最非凡的特征，文明的进步仰仗各种各样的本领开拓创新，简化生活。

奇怪的是，人类在劳动中创造了一种超越自然生活的新的生活方式，称之为人工环境不甚恰当，不如取名为"超自然环境"。人们日渐习惯崭新的生活方式，直至它成为日常生活必不可缺的元素。人类文明发展的历史就像新物种缓慢诞生的过程，海洋动物进化成两栖动物，两栖动物再进化成陆生动物。人类好比两栖动物，一面生活在自然环境里，一面慢慢地创造"超自然环境"，他在两者之间徘徊不定，但最终会做出唯一的选择。如今，人类不再生活于自然环境之中，因为他榨干了自然的一切，无论是看得见的还是看不见的，是显露于事物外在表象的还是掩藏于宇宙奥秘之中的，但是人类并不是从一种生活环境自然地过渡到另一种环境，而是能动地创造属于自己的环境，人类依赖于这方奇妙的新天地，倘若离开便无法生存。人生存于人类社会之中，大自然给予其他动物的福祉无法惠及人类。人类无法像鸟儿一样在大自然中找到现成的食物和筑巢的材料，必须从其他人手中获得自己所需的东西，因此，每个人都与其他人相依相存，每个人都通过劳动为全人类生活的环境——超自然环境——贡献了一份力量。

但人若是生活在人类社会之中，便是自我存在的主宰，可以指引前行的方向，支配自己的行动。自然的变迁不折损人类分毫，人独立于自然，只有人类社会的沧海桑田与之有关。因此，如果一个人的心灵误入歧途，他的整个人生便涉入险境，人类社会也存有隐患。

劳动本能与心理健康、人格塑造息息相关。人类投身劳动的本能与生俱来，这种本能敦促人类依靠自己的力量发挥创造力，展示自身的存在。所有生物都在物种本能的促使下为宇宙的和谐贡献力量，人类自然也不例外。珊瑚构成岛屿和陆地，填补着浪花日复一日侵蚀的海岸；昆虫传播花粉，使植物繁衍生息；秃鹫和鬣狗叼食动物未埋的尸体，清理环境；有些动物是清道夫，还有一些动物是生产者，比如蜜蜂酿制蜂蜜和蜂蜡，春蚕吐丝织就绫罗……每一种动物都肩负着伟大的使命，它们互利互惠、相依相存，如同大气层一般守护着地球。如今人们认为地球上的生命已经组成了一个"生物圈"。动物存在的意义不仅是繁衍种群，它们作为万物和谐的不可或缺的一环，还要为整颗星球发光发热。动物创造的价值大大超过了自己的需求，它们产出的剩余价值将保留在环境中，造福其他物种。因此，每一种生物都是宇宙的创造者，也是宇宙法则的监督者。人类作为劳动者的翘楚，当然不可例外：他们建设了一个超越自然的环境，这个环境不仅满足人类生存所需，还维持着万物秩序的平衡。

为使劳动成果尽如人意，我们应当遵从神秘的劳动本能，而不是满足于人自身的需求。心理畸变使人脱离了万物法则与人生轨道。倘若一切顺利，儿童应当在本能的指引下健康地长大成人，这个过程中隐含着一个巨大的秘密：正常的教育依赖于超自然环境。

44 两种劳动的特征

成人和儿童本应该互敬互爱，然而相互间的不理解破坏了他们和谐共处的基础，以至于盎盂相击永无止休。

这种冲突导致了各种各样的问题，其中有些问题显然源于成人与儿童之间的关系。一方面，成年人工作繁多，疲于奔命，既无暇顾及儿童的心理需求，也难以放缓步调顺应儿童的节奏。另一方面，越来越紧张复杂的成人世界令儿童难以招架。我们不妨想象一下简单平静的原始生活，儿童于自然的庇佑中徜徉，成人一心一意、不疾不徐地朴素劳作，家畜环绕在人们身边，儿童自由自在，与自然亲密无间，不必担心自己的所作所为遭受异议。每当困意来袭，孩子们可以躺在枝叶茂盛的大树下休憩。

然而，文明渐渐将儿童从自然环境中抽离，一切变得节制、顽固而迅疾。成年人快节奏的生活让儿童无所适从，机器的横空出世犹如一阵旋风卷走了儿童最后的庇护所。儿童因此变得郁郁寡欢。为了避免儿童遭受伤害，成年人无微不至地在旁呵护，但过分的关心反而让儿童深受其扰。儿童变得迟钝而怠惰，在世界中无助地徘徊，如奴隶，如流民。没有人考虑到儿童的需求，没有人想过为儿童创造一个适宜的环境。儿童对劳动的愿求得不到反馈。

成年人与儿童的生活方式各不相同，因此必须承认存在两种截然不同的社会问题：成年人的社会问题和儿童的社会问题；除此之外，还有两种截然不同的劳动类型：成人的劳动和儿童的劳动，对人类生活来讲，两者都不可或缺。

成人的劳动

成年人的任务是建立一个"超自然"环境。这是一项结合汗水与智慧的劳动,也就是所谓的生产性劳动,究其本质,具有社会性、集体性和组织性的特点。

为了取得劳动成果,成年人必须按照社会准则安排工作。人们早已意识到,高效的社会生活离不开秩序的把持,因此自愿地遵守集体纪律。除了代表地域特色、区分不同族群的法则,在千百年的演进中,人类还根植于劳动本能确立了适用于所有人和所有时代的基本法则。法则之一是劳动分工,人类依靠产出物划分社会身份,因此这一法则广泛应用而必不可缺。法则之二是利益最大化,即付出最少的努力获得最大的成果。这一法则意义重大,并不是因为人们想尽可能少地付出劳动,而是因为这样可以消耗更少的能量换取更多的产量。这条实用的法则同样适用于代替并完整了手工劳动的机器。

这些都是应用于劳动中的社会与自然的"金科玉律"。

但世间的一切并非都依照这些"金科玉律"发展,因为人类创造财富所需的原材料是有限的,这就导致了竞争,我们称之为"生存之役",它与动物间的争斗十分相似。

心理畸变是冲突的导火索。人类心中莫名升腾的"保护感"被称为"占有欲",这种欲望诞生于自然法则之外,因此了无边际。占有欲支配爱,用恨取代爱,侵蚀秩序井然的环境,阻碍个人和集体的劳动发展。于是乎,剥削他人的劳动代替了劳动分工,扭曲的人类社会打着"权利"的幌子将利益奉为社会准绳。这样一来,社会上谬论当道,妄言反被当作"良言"纳入道德原则和处世须知之中。在悲情而阴暗的乌云下，恶伪装成了善，人们将心理畸变导致的痛苦当作人生必经的坎坷。

儿童是独立的自然生命，他们在物质上依赖成年人，因此根据家境的不同而生活在迥异的环境之中。儿童始终被排除在成人的社会活动之外，他们的活动无关社会生产。我们需要认清事实：儿童无法参与成人的社会活动。成人的体力劳动比如铁匠锤炼钢铁，智力劳动比如科学家操作精妙仪器进行复杂实验，显然都不可能交由儿童完成。我们还可以想象立法者修订法律的情形，儿童不可能替代成人完成这项工作。

儿童完完全全是成人世界的旁观者，因此，儿童不属于成年人精心打造的、与自然割裂的人造环境。儿童与他所降生的世界格格不入，他是"社会外"的存在，无法适应社会、参与生产或按照集体准则约束自我，因而说他扰乱了秩序的平衡。儿童作为社会外的存在，四处搅扰，叫人不得安宁，就连家中父母也大呼头疼。活泼好动、锲而不舍的孩子更难适应这个社会。因此，成年人打压孩子的积极性，强迫他们从一而终，稳定心绪，变得乖巧而顺从。儿童像是被流放一样地被送到保育院、游戏室和学校，直到成年人判定他们不再惹是生非。只有到了那时，儿童才会被社会接纳。在此之前，他就像失去了公民权利一般地服从于成年人的指令，因为他实际上不具有任何公民权利。成年人仿佛君主，他的号令至高无上，不容辩驳，令儿童总要听命于他。

儿童从前一无所有，后来渐渐融入家庭。对儿童而言，强而有力的成年人犹如上帝，是唯一向他提供生活必需品的人。

成人是儿童的缔造者、维护者、统治者、执法者。没有人会像儿童依赖成人那般，完全地依赖另一个人。

儿童的劳动

儿童也是劳动者和生产者。他们虽然无法分担成人的劳动，但自己也肩负着十分重要和艰巨的任务：长大成人。新生的婴儿不会说话，不懂人事，没有行动能力，只有在成长的路上翻山越岭，通过无数的心灵考验，摘拾智慧的星光，才能长成优秀的大人。

儿童塑造了成人，而成人无法干涉这一过程。成年人未将儿童放在"超自然环境"建设者之列，而儿童的世界更不欢迎成年人的到来。儿童的劳动，无论是类别还是潜能，都有别于成人的劳动，甚至可以说是截然相反。它是心理发展时精神能量催化的一种无意识的创造性劳动。人究竟是如何被创造出来的呢？这种生物是如何从一无所有走向无穷的智慧和力量的呢？我们可以从每一个儿童身上观察和欣赏这一创造的细节。奇迹每天都在我们眼前上演。

生死往复，更迭不止，死亡意味着新生，生命趋近于无穷。在这一简单的事实面前，我们一再重复："儿童是人类之父。"成年人所有的力量都拜赐于"幼小的人类之父"竭力完成上帝交托的秘密任务。儿童是真正的劳动者，他不可能通过冥想和休憩成为大人，正相反，他一刻不停地活动，在劳作中开拓创新。我们应当意识到，儿童劳动的环境正是成人使用和改造的环境。儿童通过练习不断成长，他们在外界环境中开展具体而真实的建设性劳动，从练习和活动中积累经验，以此协调动作、丰富感情，孕育智慧的头脑，儿童尽自己所能做初步的努力，全神贯注地聆听以学会说话，锲而不舍地尝试以学会站立和奔跑。这样发展下去，儿童就像最勤勉的学生，按照计划和时间，沿着看不见的星轨恒久不变地挪移。人们可以预测儿童在每一个年龄段的体形，这一数值将限定在一定的范围内。我们还可以知道一个五岁或者八岁的孩子会达到何等的智力水平，甚至一个十岁左右孩子的体形和智力也不难推测，因为儿童不会偏离大自然为其铺平的道路。儿童不知疲倦、坚持不懈地经历痛苦，战胜痛苦，慢慢成长为优秀的大人。成年人完善环境，而儿童完善自身。儿童就像孜孜不倦的行者，在到达目的地之前，步履不停。因此成年人的成就取决于儿童的作为。

我们成年人依赖于儿童。在儿童的世界里，成年人是后裔与附庸，就像在我们的世界里，儿童是成年人的后裔与附庸。成年人是自己领地的主人，儿童也在自己的领地称王称霸，成年人与儿童相依相存，是两个不同王国的国王。

这就是人类和谐的实质。

两种劳动的比较

儿童的劳动由其本身与外部环境中的实物互动而构成，因而我们可以用具象化的实验探索儿童劳动的规律，究本溯源，比较它与成人劳动的异同。成人与儿童都是利用环境进行直接的、有意识的活动，这种活动应当被视作真正意义上的"劳动"。但这种劳动的目的并不是自觉自愿的。所有的生物，包括植物，都依存于环境。这句话不甚严谨，只是笼统的论断。但生命本身就是一种能量，它通过不停地改造和完善环境来补充新能量，维持不衰的创造力，反过来，如果缺了人类的活动，环境就会分崩离析。比如珊瑚虫从海水中吸收碳酸钙筑造自己的栖身之所，但从环境的角度上看，它们创造了一片新陆地。由于珊瑚虫的间接目的和直接目的相隔甚远，研究珊瑚时不必思虑陆地的构成。同样的道理也适用于所有生物，尤其是人类。

每个成年人都是儿童创造性活动的产物，这一事实证明，儿童有一个明确的、可见的非直接目的。但无论从何种角度研究儿童或者幼年动物，从身体细胞到行为细节，我们都无法从他身上看到长大成人这一目的。

然而，同一行为的两个相去甚远的目的都有赖于环境的支持。

或许，大自然已经用最简单的方式向我们揭示了其中的奥妙。例如，同样是丝，同样是真正的生产性劳动，人类用光亮的蚕丝织造珍贵的绸布，而蜘蛛脆弱的蛛网则被人迫不及待地捣坏。蚕宝宝吐露蚕丝，蜘蛛成虫结成蛛网，它们无疑是两类劳动者。因此，当我们将儿童的劳动与成人的劳动放在一起比较时，实际上讨论的是两种截然不同的活动，它们的目的迥异，但都是真正的劳动。

最紧要的是了解儿童的劳动。儿童不会带着某种目的劳动，它们的目的就是劳动本身。当他们重复某项练习，想要通过活动达到某个目的时，这个目的是独立于动作的。就个人反应而言，停止动作无关劳累，因为儿童的特点就是精力充沛，在劳动结束后他们浑身充满了力量。

这说明儿童和成人的劳动在自然规律上存在差异：儿童在劳动时不会遵循利益最大化的原则，恰恰相反，他们把大量精力耗费在没有目的的工作上，发挥所有的潜能去照顾细节。目的与行为之间没有必然的联系。成年人认为，外在环境之于内心世界的完善有着重要意义。一个心灵升华的人不会关心外在的事物，他仅仅在适当的时候利用外在环境完善内心世界。相反，那些思想境界较低的人，或者说停留在自我意识之中的人，会被外界的目标迷惑，不计一切代价地追求它，哪怕丢掉健康和性命。

儿童和成人的劳动之间还有一个不容置疑的区别，那就是儿童的劳动不求回报，也无需帮助。儿童必须独自面对成长的考验，直至任务完成。没有人能帮儿童挑起成长的重担，或是代替他长大成人。儿童无法一夜之间长成二十岁的青年，因为幼年期的生物都有一个特点：按照既定的计划和时间不疾不徐地成长。大自然仿佛一位苛刻的老师，那些异常或病态发展的"坏分子"，必将受到严厉的惩罚。

儿童劳动的缘由不同于成人，成人的活动总是带有目的性，外在的目标教促他挥洒汗水，做出牺牲。倘若要完成这个使命，就必须在童年时代就做好准备，未来成长为坚定而强健的大人。

而儿童在劳动中不知疲倦，他在劳动中成长，因此劳动增添了他的力量。

儿童从不要求自己的付出得到回报，而且希望独立地完成任务。儿童的生命依赖于成长过程中的劳动，换句话说，"不劳动，毋宁死"。

如果不知晓这个秘密，成年人就无法理解儿童的劳动，他们臆想着休息对儿童的成长有益，但不料妨碍了儿童的劳动。成人按照事半功倍的劳动原则为儿童安排每一件事情，尽量花费最少的力气和时间争取最大的效益。经验丰富、做事老练的成年人为儿童穿衣、洗手，把儿童抱在怀里或者放在婴儿车中，重新整理儿童周围的环境，不让儿童自己参与到这些活动中。

一旦成人为儿童让出了一点时间和空间，儿童就会下意识地叫嚷道："我！我要做这个！"我们的学校为儿童提供了一个适宜的劳动环境，在这里，儿童会大声说出内心的需求："让我自己做吧。"

这个自相矛盾的表达背后隐藏着一个多么深刻的道理啊！成年人必须帮助儿童，让儿童自己完成劳动。这不仅揭示了儿童的需求，还说明儿童渴望一个朝气蓬勃的环境。这个环境不是供儿童征服或享受，而是方便他发育自身的功能。显然，只有富有智慧、做足准备的成年人才能为儿童提供井然有序的成长环境。我们的教育理念否定为儿童包揽一切的态度，也反对成人做甩手掌柜，将儿童置于全然被动的环境之中。

因此，仅仅为儿童准备适合他们体形的物品还远远不够，成年人必须做好充分的准备，以便帮助儿童的成长。

45 主导本能

自然界之中存在两种生命形式：成熟的生命与稚嫩的生命。两种生命形式截然不同，甚至相互对立。成熟生命体的特点是斗争，既有拉马克阐释的适应自然的斗争，也有达尔文阐释的物竞天择的斗争，后者的目的不仅在于物种的生存，还包括两性之间的选择。

我们可以将成年动物的遭遇与成人社会的发展相比较：不懈抵抗得以在敌人的手下保全性命；为适应环境而劳动、抗争；怀有对爱的向往和征服性的渴望。在生存的努力和物种的竞争间，达尔文发现了生物进化，即物种完善的原因——物竞天择，适者生存，正如唯物主义历史学家将人类的进化解释为人类之间的斗争与竞争。

然而，翻开人类的历史，满纸皆是成人的春秋，自然界中却非如此：只有握住童年的钥匙，才能开启绮丽多姿的生命。所有的生物都经历过脆弱无力的阶段，尚未发育完全的器官未适应环境，不足以击搏挽裂，大打出手。没有任何生命是从成年阶段开始的。

童年是一段隐秘的生命之路，它有另外的形式、另外的方式、另外的动机，这一切不同于成人和环境拉扯时表现出的形式、方式和动机。

童年之中隐藏着生命的密钥，因为成年期的经历只能用来解释偶发事件。

生物学家通过观察幼年生物的生活，发现了大自然最奇妙、最复杂的一面：每一种生物都拥有非凡的潜能，它们为自然带来了盎然生机，增添了诗情画意，甚至无上的神圣感。生物学向人们剖析了生物的创造性和保守性，诠释了指导其行为的内在本能，这种本能有别于生物在环境刺激下做出的应激反应，我们称之为"主导本能"。

根据不同的目的，生物学将本能大致划分为两类：个体生存本能和物种生存本能。两种本能都绕不开斗争，既有个体与环境之间的短暂冲突，也有本能引导的延续物种的持久战。

比如说，应对危险状况的自我防御是个体生存本能的表现，两性之间的结合或对峙是物种生存本能的表现。激烈而显见的生存本能早已成为生物学注意和研究的对象。之后，人们愈加关注个体和物种为了生存需求而展现的长久性的本能。

主导本能关系着生物的庞杂功能，甚至对外界环境的反应，但其本质是生物内在的敏感性，如同纯粹的思考是心理活动的特征。我们可以这样认为，主导本能作为内在形成的成熟思想，在外部世界被付诸行动，化为现实。因此，主导本能并不是一时冲动，它蕴含着道理和智慧，引导生命从短暂（个体）走向永恒（物种）。

主导本能在引导和保护幼体生命时发挥着不可思议的作用，此时的生命尚未成熟，力量近似于无，虽然得到了充分的发展，但还不具备同类物种的特征，缺乏力量，缺乏耐性，没有与竞争者抗衡的生理条件，没有从优胜劣汰中幸存的希望。

这时，主导本能仿若造物主秘密的馈赠，如师如母般指引着生命前行。那些脆弱易折、无力自救的生命，依靠主导本能得以获救。法布尔和现代生物学家将主导本能的其中之一，即母性般的关怀，视作生物幸存的关键。荷兰生物学家德弗里斯在对敏感期的研究中，阐述过另一种与个体发展相关的主导本能。

尽管母亲是生命的孕育者，是幼崽的第一保护人，但并非只有母亲拥有母性本能，父母双亲，有时甚至整个族群都拥有母性本能。

更进一步讲，被称作母性本能的神秘力量，与生物本身没有必然联系，它可以作为无形的庇佑而存在。

因此一般来说，人们将延续物种的主导本能解释为母性本能。对所有物种来说，母性是共同的，成年生物的其他本能纷纷退避，为母性本能让路。即使是凶猛的野兽也会在自己的幼崽面前表现出甜蜜与温柔，这违背了它的本性；鸟儿飞来飞去寻找求生之道，或为觅食或为逃难，但它会落下脚来看守巢穴，即使面临险境也绝不逃脱。固有的本能会在突然之间改变物种的特征。此外，许多物种还开始筑巢造窝，他们这么做倒不是为了自己，因为成年动物已经适应了环境，他们是为新生的幼崽打造庇护所。在建造巢穴的过程中，每一种动物都受到特定本能的指引。筑巢的材料并非随意地即捡即用，筑巢的地点也经过精心挑选，它们的目的清晰明确。比方说，不同的鸟类建造巢穴的方式各不相同。也有诸多实例证明，昆虫拥有高超的建筑本领：蜂房是完美的集合体，整个蜂群都忙碌于建造后代的栖身之所。还有一些少有人留意，但十分有趣的例子，比如蜘蛛作为天才的建筑师，宽大的蛛网不仅是它自己的居所，还是束缚敌人的囚牢。突然之间蜘蛛改变了劳动方式，将自己和敌人皆抛诸脑后，开始吐露新丝为幼虫编织虫茧，虫茧精致、密实、防水，双层茧壁可以为一些生活在潮湿和寒冷地区的蜘蛛幼虫提供更好的保护。这是蜘蛛适应气候的智慧。母蜘蛛安心地把卵产在虫茧中，奇怪的是，它疯狂地爱惜这颗虫茧。在实验室中我们观察到，黏糊糊、灰扑扑、全身上下找不出心脏的蜘蛛，在发现虫茧破损或捣坏后，会痛不欲生，伤心而死。人们发现蜘蛛会紧紧地附在虫茧上，仿佛虫茧是它身体的一部分。蜘蛛爱虫茧甚于爱虫卵，对破茧而出的小蜘蛛亦漠不关心，似乎压根没注意到小蜘蛛的存在。种群本能驱使母蜘蛛在没有小蜘蛛作为直接对象的情况下，做这样的劳动。因此，存在"无对象本能"，这种本能不可遏制，它表现为心甘情愿地服从内心指令行必行之事。

蝴蝶终其一生吮吸花蜜，对其他食物不闻不问。但它从不将虫卵产在花朵上，而是接收接受新的指令，改变觅食本能，转向适宜幼虫生存的环境。但蝴蝶这样做既不是因为知晓叶片的鲜美，也不是因为了解幼虫的习性，只是遵循无关于其的自然本能。瓢虫以及其他类似的昆虫从不将虫卵产在叶片上以供幼虫啃食，而是将虫卵产在叶子的背面，让叶子替虫卵挡风遮雨。成虫并未品尝过它们为幼虫准备的食物，却可以依靠昆虫本能的"前瞻之智"，在冥冥之中挑选后代的吃食，预见雨水和阳光的威胁。

保护新生命是成年生物的任务，它们为此改变了生活习性，仿佛在某一刻，支撑其生命的自然法则骤然叫停。

造物主缔造了生命的奇迹，而单纯的"活着"谈不上什么奇迹，生命沿袭的惯例才接近奇迹的内核。

实际上，自然界最伟大的奇迹之一是新生命蕴含的力量，初来乍到的生灵缺乏经验、不辨方向、无法自保，在"敏感期"受到不完全的本能指引，一路跨越千难万险，时而在无法抵抗的冲动下，迸发生机活力。显然，纵使有成年生物保驾护航，新生命也无法安然享乐，大自然会立下规矩，要求每一个生命严格服从。成年生物必须在主导本能作用的范围内保护自己的后代。很多时候，成年生物的主导本能和幼年生物的主导本能分割独立，就像某些鱼类和昆虫的父母和子女终生不曾谋面。对于高级动物而言，这两种本能协调配合，母性的主导本能和新生儿的"敏感期"交汇于一处，使父母和子女之间诞生了有意识的爱，以及母系关系，这种关系辐射向有机社会，使整个社会承担起对新生命的责任（同样的情况发生在一些社会关系紧密的昆虫身上，比如蜜蜂、蚂蚁，等等）。

种群的和平安稳靠的不是爱与牺牲，而是根植于生命伟大创造的主导本能，物种生存繁衍的秘密正在于此。感情减轻了生物所背负的使命，使生物心甘情愿地听从自然的指挥。

倘若从整体上观察成年世界，我们会发现那些不可动摇的、与生俱来的自然规律会在特定的时刻发生畸变。在更高的利益面前，曾经绝对的律条显得不堪一击，为新生命成长而服务的新律条二话不说地取而代之。在短暂的停歇之后，生命更新换代，并永恒地延续下去。

现在我们不禁要问：人类是如何遵循自然规律的呢？人虽然是高等动物，但发生在低等动物身上的现象也不时在人类身上展现。人类概括现象的规律，超越现象本身，并凭借聪明才智，添一分想象，添一抹情感，将自然现象推向艺术的舞台。

人类的两种生命形式是以怎样的面貌呈现于世的呢？实际上，这两种生命形式并没有表现出各自应当具有的特征。放眼人类世界，到处都是尔虞我诈的战争、适应环境的急迫和外在生命的焦灼。人类世界的残酷现实，迫使所有人心心念念着征服与生产，仿佛除此之外无甚紧要。在竞争中，人的力量被冲撞得七零八落，粉身碎骨。成年人用自己生活的逻辑揣度儿童，他把儿童看作一个截然不同的、百无一用的存在，将儿童赶得远远的，或者通过所谓的教育，说服儿童沿着成人的轨迹生活。成年人就像敲碎虫茧的蝴蝶，鼓励幼虫展翅飞翔；也像是把蝌蚪拉出水面的青蛙，急切地迫使蝌蚪用肺部呼吸，褪去悚悚的灰黑色，换上绿色的"新衣"。

成年人正是以这种方式对待儿童：在儿童面前洋洋自得地展示自己的强大和成熟，将自己的经历立为典范，叫儿童亦步亦趋地模仿。成年人根本没留意到儿童身上不同的特征，这些特征决定了儿童需要一个有别于成人世界的环境，以及适宜的生存之道。

人，地球上最高级、进化最完全、最具有智慧的生物；统治世界，掌控权力；相比于其他生物，他在劳动能力上拥有无可比拟的优越性；究竟出于何种原因，人类会对自己幼小的同类产生如此错误的理解呢？

人，是环境的设计者、建筑者、生产者、改造者，但是他对自己孩子的付出，比不上蜜蜂对幼蜂的付出，甚至比不上任何其他生物。

难道人真的缺少生命中最高级、最根本的主导本能吗？

难道面对宇宙中最激动人心的奇迹——决定物种是否延续的关键，人类真的可以漠然处之或视而不见吗？

斗转星移，沧海桑田，自然界的能量恒久不衰地指引着宇宙的运转，无论这种力量是否偏离了客体。人和其他生物都应该有相同的感受。

人类作为建筑者，应当为孩子筑造一个怎样的小窝呢？答案是展现以最高的艺术形式——爱，倾注纯洁无瑕的爱意，并满足孩子的外在需求。在儿童的小天地间，慷慨的爱意可以积聚为宝贵的精神财富，但不可用于物质生产。在某个地方，你想要抛却平日的习惯，察觉到竞争不是维系生命的纽带，击败别人不是生存的秘诀，丢掉旧日的自己才能感受生命的律动。难道没有一个地方，你的心灵渴望冲破桎梏，击碎这些将人与外界牢牢拴在一起的铁律？难道你未曾有过追寻奇迹、延续生命的冲动？难道你未曾有过超越个体生命，直抵永恒的愿求？这是一条救赎之路。人们意识到自己应当放弃疲于奔命的生活，皈依于宁静的人生。

当孩子降生之后，这些感受便油然而生。就像其他生物一样，人会改变自己的行事法则，牺牲自我，以求生命走向永恒。

是的，世界上存在这样的地方，没有你死我活的争斗，只有纯粹与无邪，因而人人向往简单与宁静。在这片净土上，人类逃脱了压抑的世界，寻求生命的涅槃。

是的，人类应当拥有一种异于平素生活的伟大情操。它是无人能阻绝的上帝的声音，召唤人们围聚到儿童身边。

46 以儿童为师

发掘人类的主导本能成为当代最重要的课题之一。我们已经从零开始着手研究，并取得了一定的进展。一个崭新的研究领域已然开启，目前所取得的成果证实了主导本能的存在，这为未来的研究指明了最初的方向。只有在正常的儿童身上才能进行这种研究，因为他们自由地生活在适宜成长需求的环境中，当人类新的天性出现时，我们可以确信这些个性表现是正常的。

无数经验证明，这一实验对教育、对人类社会组织具有重大意义。显然，处于社会组织中的人，具有一种不同以往的天性。社会组织和教育可以为成人社会的正常化指明方向。社会变革不能依赖于个别改革家的思想和力量，只能期待社会缓慢而持续地由旧转新，这个新世界便是儿童与青少年的世界。倘若奢望理想化的改革和个人力量能够填补旧世界为了压迫儿童而制造的巨大空白，那真是无稽之谈。儿童倘若无法按照自然规律健康成长，人类发展就会偏离正轨，一切都将无法挽回。

能够帮助人类的力量潜藏在儿童身上。是时候重新"认识你自己（nosce te ipsum[1]）"了。生物学通过现代医学和卫生理

---

[1] 原文为拉丁语。

论为改善人类生理健康、发展人类文明做出了不俗的贡献。

但在心理学领域，"人"仍是一个未知的课题。最初人类通过解剖尸体了解自己的生理构造，而如果想要了解自己的心理，只能研究呱呱坠地的新生儿。

如果摸不清人的心理世界，那么就不可能真正地认识自己，人类文明的延续就会受到威胁，产生社会问题。

儿童的"正常化"是完善教育的唯一前提。在这一基础之上，人类文明才能延续，社会问题才能解决，现代教育学的未解之谜才能揭开。

成年人应当以同样的方式解决自己的问题，即"认识自己"，探索引导人心理发展的隐秘规律。但如果儿童沿着正常化的道路成长发育，问题便会迎刃而解，反之，将找不到救赎之法。心理畸变的成年人贪权夺利，一心求荣，到手的利益还没享用半分，就变成了人生的烫手山芋。这就是为什么每当社会进步、新事物诞生时，人们的困扰不减反增，比如机器提高社会效率的同时，也成为了战争中的破坏性武器，工业上的敛财工具。物理、化学以及交通工具的进步，加剧了破坏、贫穷和野蛮。除非人的正常化被视为社会的基本需要，否则不能对外部世界抱有任何希冀。只有到那时，物质进步才能给人类带来福祉和更高级的文明。

我们应当将儿童看作人类未来命运的主宰。任何希望为社会带来裨益的人都必须帮助儿童，不单是将他从歧路中拯救出来，还要教他了解生命的真谛。这样看来，儿童强大而神秘，他们身上隐藏着人性的奥秘，我们应当以儿童为师，虚心求教。

47　父母的使命

　　父母不是儿童的创造者，而是儿童的守护神。他们应当摆脱利益的诱惑和外界观念的束缚，承担起保护和照顾儿童的神圣使命。父母是超自然的守护者，他们就像宗教中的守护天使，仅受天意召唤，凌驾于任何世俗权威之上，与儿童结下亲密无间、不可分离的无形关系。为了履行使命，父母应该涤净大自然赋予其心田的爱意，认识到爱是意识中最深沉的情感，摒除一切自私自利、懒惰懈怠。父母应该积极面对当下社会中出现的问题，为儿童应该享有的权利而斗争。

　　近年来，人权，尤其是劳动者的权益屡屡成为人们口中的话题。劳动者的权利是社会变革的重要内容，因为人通过劳动方能生存，劳动问题事关全人类的物质存在。工人生产人类在外部世界消耗和创造的东西，儿童塑造人类本身，因此儿童为维护权利更急迫地呼唤社会变革。为了人类的长远发展和未来利益，社会应当以更完备、更明智的方式照料儿童。

　　人类应当激烈抵制对儿童权利的忽视与遗忘，对儿童身心的折磨与摧残，对儿童价值、力量和天性的持续性否定。

48 儿童的权利

直到不久之前，说得确切一点，是直到本世纪（指作者身处的二十世纪）初，社会对儿童的关注还十分有限。照料儿童仅仅是家庭的义务。父权是儿童唯一的保护，这还是两千年前罗马法的遗俗。在漫长的时间里，随着文明的进步，维护成年人利益的法律不断完善，但儿童拥有的社会保护却非常贫乏。原生家庭只能向他提供物质、精神和智力的支持，倘若家庭没有能力提供这些条件，孩子就会在物质、精神和智力上有所缺陷，社会对此不负半点责任，直到现在，社会还未要求养育孩子的家庭做足准备和保证。国家制定的官方文件周密严谨，详尽地划分了社会责任的归属，却对准父母的义务只字不提，既不关心父母如何呵护子女健康成长，也不提供任何适当的指导和准备。

要建立一个家庭，只需一纸结婚证和一场婚礼。从古至今，大自然赋予了儿童塑造人类的使命，然而社会却对这些小小的劳动者漠不关心。与不断捞取利益的成年人相比，儿童则被冷落和遗忘。

约半个世纪前，医学开始关注儿童的健康，自此科学界意识到，倘若社会不予重视，儿童就将成为罪恶的祭品。在此之前，抛弃儿童的现象甚于现在，甚至没有专门的儿童医院和儿科医生。数据显示儿童在出生后第一年的死亡率非常高，令人大为惋惜。人们发现，即使一个家庭生育了许多孩子，活下来的还是少数。幼儿的死亡稀松平常，父母只得安慰自己说，孩子不是死了，而是升上了天堂，上帝要孩子们围在他的身边，于是孩子们听到召唤，去做小天使去了。许多儿童缺乏照料，因为成年人的无知和漠然死于非命，人们称之为"无辜者的正常受难"。

揭开真相后，一场广泛的、旨在激发人性中的责任感的运动轰轰烈烈地展开。父母们这才确信，光是给予孩子生命是远远不够的，他们还有责任以科学的手段拯救儿童于危亡。父母们应当为儿童提供崭新的环境，学习儿童卫生保健知识。

但儿童的苦难不只存在于家庭之中，在学校中进行的科学观察为人们揭示了儿童遭受的其他折磨。十九世纪的最后十年，医学家对工人的职业病进行了研究，初步阐释了社会卫生的意义，为工人争取权利打下基础。人们发现，除了缺乏卫生条件而感染疾病之外，儿童也因为劳动而病魔缠身。

在学校里，儿童必须承受着社会强加的折磨。长时间地伏案读书和写字，导致儿童胸腔狭窄、脊柱变形，易患上肺结核；长期在光线不足的环境中学习，儿童易患上近视；长期困在狭窄而拥挤的地方，儿童的身体日渐衰弱。

但儿童遭受的不只是身体上的折磨，还包括精神上的痛苦。繁重的学业压力使儿童感到倦怠和恐惧，他们神经衰弱，疲惫不堪，灰心丧气、自信全无，消沉和阴郁取代了明媚和快乐。

父母才不把这一切放在心上，他们只关心孩子能否尽快通过考试，花费更少的时间和金钱完成学业。至于孩子是否学到了知识，是否提升了文化水准，统统不在考虑之列，父母关心的是一纸文凭的价值，是孩子能否在短时间之内通过教育敲开社会的大门。

那时在学校中进行的调查，揭露了一些令人震惊的事实：许多儿童还未走进校门，便被工作折磨得筋疲力尽，有些孩子走数公里的路给顾客送牛奶，有些孩子沿街兜售报纸，还有的孩子在家里干活。当他们来到学校后，已经疲惫不堪，又饿又困，一心只想休息。这些可怜的孩子时常受到惩罚，因为他们集中不了注意力，没有领会老师的意思。老师出于责任心或者权威感，以训斥的方式唤回学生的注意力。更有甚者，会当着其他同学的面，羞辱疲倦的孩子，斥责他们意志薄弱、一无是处。因此，在家庭的剥削和学校的惩罚下，不幸的孩子可谓度日如年。

早期的调查向我们揭露了许多儿童遭遇的不公，这在社会上引起了巨大反响，使学校纷纷改变陈旧的规章制度。"学校卫生学"作为一门新兴的医学分支应运而生，在文明国度的所有公立学校中起到变革与保护的作用。今时今日，医生和教师为维护儿童利益不懈努力，这是对人类曾经无意识犯下的错误而进行的审判，也是解救儿童的第一步。

回首过往，在迈出第一步之前，人们从来没有真正承认过儿童的权利和地位。成年人不管不顾地将自己作为标杆，强行扭转儿童的生活方式。这种骇人的愚昧似乎已无可救药地渗入灵魂，作为一种普遍现象，自人类诞生起就一贯有之。

自古至今，教育不过是惩罚的代名词，教育的目的是让儿童屈服于成人，成人用自己的目的与意图替换了自然的规律。

千百年的时光都未能改变儿童的境遇。每个国家都有不同的惩罚孩子的方式。在寄宿学校，常见的惩罚方法包括在儿童胸前挂上耻辱的字牌；把驴耳朵挂在儿童头上；或者将儿童示众，任由来来往往的人嘲弄。此外还有一些体罚方式：面冲教室角落罚站数小时，儿童什么也看不到，什么也不能做，不由得觉得疲惫和无趣。

还有一种体罚方式是赤裸膝盖跪在地板上，被当众抽打。如今，家庭与学校一拍即合，打着教育的幌子惩罚和折磨孩子。在学校受罚的孩子，回家之后还要陈述"罪行"，让父亲和老师站在统一战线上谴责他；之后，孩子还要将父亲的签字带回学校，以证明家长已经知道了孩子的不端行为，将"伙同"老师一道"迫害"自己的孩子。

在这些例子中，儿童毫无还手之力。罪犯尚有上诉的机会，而孩子去哪里申诉冤情？没有法庭会听取他们的冤屈。

爱，理应是儿童的避风港，如今消失得无影无踪。在惩罚儿童时，学校和家庭结为同盟，以达到相当的教育目的。

事实上，还不等学校招呼，家长便"磨刀霍霍"地冲着儿童"杀"去。最近围绕家庭惩罚所作的调查（国际联盟下属的教育协会所作的初步报告）显示，世界上没有一个国家的孩子能逃过家长的惩罚。惩罚措施五花八门，比如粗暴的训斥、辱骂、拳脚相向；把孩子扔进小黑屋里"关禁闭"；用更骇人的惩罚方式威胁孩子；剥夺孩子的娱乐和消遣，比如和小伙伴们玩耍，或者吃甜点和水果，而这点小小的快乐是"小奴隶们"唯一的寄托，是他们备受折磨后能得到的唯一补偿。最后，还有父母罚孩子不许吃饭，尤其是在晚上，他们会说："快点上床，不准吃晚饭！"于是孩子辗转难眠，在委屈和饥饿中度过一夜。

随着人们意识的觉醒与进步，惩罚措施迅速减少，但并未绝迹。家长一如既往地厉声训斥孩子，将惩罚孩子作为天赐的权利。母亲认为，扇耳光也是为人父母的义务之一。

对成年人的体罚早已废除，因为它是社会之耻，是对人类尊严的践踏。然而，还有比侮辱和殴打孩子更卑劣的行为吗？

显然，人类仍湮没于无知之中。

文明的进步不再取决于个人的努力，也不再源于炽烈的人类精神火花，它就像一台冰冷的机器，在外力作用下机械运转。这股外力是强大的非个人力量，它来自外界环境，发源于不知疲倦运作的社会。前进，永远笔直向前！

社会就像一列直冲远处、高速行进的列车，社会中的个人好比车厢中熟睡的旅客。昏沉的睡梦阻止了意识的觉醒，人们听不到生命的求援，拯救人类的真相就此搁置。倘若不是如此，世界将会飞快进步：高速发展的社会与日渐冷漠的人情之间不会爆发严重的冲突。改革的第一步，也是最困难的一步，即唤醒熟睡而麻木的人类，迫使他们倾听造物主的旨意。现在，整个社会都必须牢记儿童的重要性，将摇摇欲坠的儿童从悬崖边缘扯回来。成年人应当破除有害于儿童的事物，承认儿童的权利，为儿童打造一个适宜的成长环境。社会耗费大量的金钱，却没有用来改善儿童的处境，反而用来摧残儿童、摧毁社会。社会一度是儿童的保护者，但它却挥霍了原本属于儿童的财富。成年人看似自给自足，实际上却占用了儿童的资源。所有的生命——动物乃至最微小的昆虫，都能证实这一道理。为什么蚂蚁会储存食物呢？为什么鸟儿寻觅食物并带回巢穴呢？在自然界中，没有生物会让自己的后代孤苦伶仃、忍饥挨饿。

除了维持儿童基本的温饱，成年人几乎无所作为。社会因为挥霍无度而只能拆东墙补西墙，最先削减的便是对学校，尤其是对幼儿学校的投入。学校作为生命之花的温棚深受其害，但四处没有声援，故而无计可施。这是人类犯下的一桩滔天大罪，也是一件荒唐过错。人们还没意识到，拿金钱制造枪炮武器，只能等来一场双重毁灭：新生命的夭亡与旧生命的骤停。人类一错再错，最终酿成恶果：因为生命没有健康发展的条件，人类会在成长中扭曲。

成年人应当为了子孙后代的幸福而团结一致，他们曾经对儿童的权益视而不见，如今为此奔走疾呼。儿童的权利一经确认，就毋庸置疑。社会是儿童不称职的守护者，理应交还属于儿童的福祉，替儿童寻回公正。

在这项伟大的使命中，父母扮演着重要角色。只有父母能够拯救自己的孩子，因为他们在社会中生活，有协调社会网络的途径。他们应当全力以赴地完成自然交托的使命，是这一使命让他在社会上稳坐第一把交椅，成为物质世界的掌控者，因为他们手上捏着人类的未来——新生命。如果为人父母却不能好好对待子女，便会落得如彼拉多那样的名声。

彼拉多原本可以拯救耶稣，但终究什么也没做。

对儿童而言，学校就是一座与世隔绝的孤岛。高大的建筑物仿佛是为了成年人所建造，宽敞的门窗、长长的走廊、光秃秃的教室、灰扑扑的校服……一切都是为了迎合成年人的喜好。在学校里，一届又一届的学生要穿着丧服一样的黑色校服，度过整个童年。父母把孩子丢在学校门口，这道铁门干脆利落地将门里门外分为两个世界、两种责任。而绝望的孩子哇哇大哭、满心恐惧，仿佛门上刻着但丁的话："我来到这痛苦的世界……"

一旦到达教室，老师便将大门合紧。从这一刻起，老师就变成了儿童的主人，可以随意地差遣儿童，没有证据，不容申冤。

家庭和社会把儿童推给了老师，就像人们把草木的种子抛向风中，让风带他们降落。儿童娇弱而颤抖的身体被按在座位上，三个小时又三个小时的煎熬，日复一日，年复一年。

在老师严厉的注视下，儿童的身子撑着课桌，强迫自己的小手小脚不要乱动。儿童求知若渴的心灵只能被动接受知识，小小的脑袋上仿佛戴了一顶荆棘桂冠，鲜血汩汩直流。

儿童盈满爱意的心被一把利剑贯穿，因为它不被世人理解，止渴的知识只余下了丝丝苦涩。

生活在尔虞我诈之中的心灵不堪重负，走向早已备好的坟冢。当心灵入葬，又有无数护卫看守坟冢，生怕童心复苏。

但儿童总能满面春风地重返人世，置身于人潮之中。

如爱默生所言，儿童是永远的救世主，他总会返回堕落之人的身边，引导他们去往天国。

（全书完）

蒙台梭利 （1870—1952）

二十世纪知名意大利幼儿教育家，蒙氏教育法创始人。

她在实验、观察和研究的基础上，针对儿童不同年龄阶段的特点，写下多部儿童教育经典。

《童年的秘密》是其中最具代表性的作品，被译成几十种文字，经久不衰。

她的教育理念和方法，至今仍在全球百余个国家、千万所学校中推行。

童年的秘密

作者 _ [意]蒙台梭利　　译者 _ 李依臻

产品经理 _ 黄迪音　　装帧设计 _ 王楠莹　　产品总监 _ 李佳婕
技术编辑 _ 顾逸飞　　责任印制 _ 刘淼　　出品人 _ 路金波

营销团队 _ 毛婷　阮班欢　孙烨

果麦
www.guomai.cn

以 微 小 的 力 量 推 动 文 明

图书在版编目（CIP）数据

童年的秘密 /（意）蒙台梭利著；李依臻译. -- 昆明：云南人民出版社，2024.1
ISBN 978-7-222-22397-4

Ⅰ.①童… Ⅱ.①蒙…②李… Ⅲ.①早期教育—教育理论 Ⅳ.①G610

中国版本图书馆CIP数据核字（2024）第006349号

责任编辑：陈　迟
责任校对：和晓玲
责任印制：马文杰

童年的秘密
TONGNIAN DE MIMI
[意] 蒙台梭利　著
李依臻　译

出　　版	云南人民出版社
发　　行	云南人民出版社
社　　址	昆明市环城西路609号
邮　　编	650034
网　　址	www.ynpph.com.cn
E-mail	ynrms@sina.com
开　　本	880mm×1230mm　1/32
印　　张	6.5
字　　数	147千字
版　　次	2024年1月第1版
印　　次	2024年1月第1次印刷
印　　刷	北京盛通印刷股份有限公司
书　　号	ISBN 978-7-222-22397-4
定　　价	39.00元

版权所有 侵权必究
如发现印装质量问题，影响阅读，请联系021-64386496调换。